KB005237

브랜드의 브랜드

브랜드의 브랜드

발행일 ; 제1판 제1쇄 2020년 7월 22일 제1판 제2쇄 2022년 4월 11일
글 · 사진 ; 백정현 · 이규탁 · 이반 자오 · 허남웅 · 박진수 발행인 · 편집인 ; 이연대
CCO ; 신기주 에디터 ; 소희준
디자인 ; 최재성 · 유덕규 지원 ; 유지혜 고문 ; 손현우
펴낸곳 ; ㈜스리체어스 _ 서울시 중구 한강대로 416 13층
전화 ; 02 396 6266 팩스 ; 070 8627 6266
이메일 ; hello@bookjournalism.com
홈페이지 ; www.bookjournalism.com
출판등록 ; 2014년 6월 25일 제300 2014 81호
ISBN ; 979 11 90864 00 8 03300

BOOK
JOURNALISM

브랜드의 브랜드

백정현·이규탁·이반 자오·허남웅·박진수

; 가장 효과적이었던 구찌의 전략은 밀레니얼 세대와 디지털에 대한 대응이었다. 과거의 럭셔리는 소수 계층의 특권이었지만, 이제는 누구나 개인화된 디지털 기기와 미디어로 럭셔리를 즐길 수 있다. 새로운 가치관과 라이프스타일, 4차 산업혁명 시대의 디지털 환경이 맞물리면서 럭셔리 패션의 정의와 가치도 변화하고 있다.

차례

백정현은 전남대학교 생활과학대학 연구 교수로 재직 중이다. 문화 예술과 패션의 융합 현상을 연구해 왔고, 패션 브랜드 아이덴티티의 진화 전략을 연구하고 있다.

1 　구찌 ; 유연과 확장의 리브랜딩

'구찌스러움'의 탄생

'구찌' 또는 '구찌스러움Gucci-ish'이라는 키워드는 구글 검색 건수 3500만 건 이상으로 2017년 패션 분야에서 1위를 차지했다. 패션 검색 플랫폼 리스트Lyst가 발표한 '2017 연례 패션 보고서'에서는 구찌가 '올해의 브랜드'와 '올해의 제품'을 비롯한 주요 검색 항목에서 1위를 휩쓸었다.[1] 2018년에는 전년도에 비해 70.1퍼센트 급증한 온라인 판매를 바탕으로 82억 8400만 유로(11조 1600억 원)의 매출을 올렸다. 이는 전년 대비 36.9퍼센트 상승한 수치다. 구찌가 속한 케링KERING 그룹 전체 매출의 60퍼센트에 해당한다.[2] 이런 변화의 시작은 알레산드로 미켈레Alessandro Michele를 크리에이티브 디렉터Creative Director로 영입한 2015 F/W시즌부터였다. 그 후부터 구찌는 브랜드 자체가 트렌드가 되는 이례적인 현상을 보여 주었다. 크리에이티브 디렉터의 교체를 통해 가장 성공적인 리브랜딩rebranding을 해낸 사례라는 평가를 받는다.

구찌의 화려한 부활은 패션 업계가 전혀 예상하지 못했던 일이다. 2014년까지만 해도 구찌는 5년 넘게 매출이 매년 20퍼센트씩 감소하면서 패션 시장에서 고전을 면치 못하는 노쇠한 브랜드였고, 초고가 럭셔리 브랜드와 개성 있고 상대적으로 저렴한 어포더블 럭셔리affordable luxury 브랜드 사이에서 애매한 포지셔닝으로 고전하고 있었다. 하지만 2015년 신임

CEO로 부임한 마르코 비자리Marco Bizzari는 구찌의 액세서리 디자이너였던 미켈레를 크리에이티브 디렉터로 임명하고 핵심 고객과 채널, 제품군을 재정의하면서 구찌를 이전에 볼 수 없었던 혁신적인 브랜드로 탈바꿈시키는 데 성공했다.

미켈레는 2015년 F/W 시즌 첫 번째 구찌 컬렉션에서 혁신적인 스타일을 선보이면서 새로운 시대를 열었다. 이전에 구찌를 맡았던 크리에이티브 디렉터 톰 포드Tom Ford나 프리다 지아니니Frida Gianninni의 구찌와 전혀 다르고, 그 어떤 럭셔리 브랜드와도 유사하지 않은 스타일은 패션계 전체에 신선한 영감을 주었다. 1972년생인 미켈레는 외부에서는 거의 존재를 알지 못할 정도의 무명 디자이너였다. 펜디Fendi 액세서리 디자이너 출신으로 2002년 구찌에 합류해 2011년부터 당시 크리에이티브 디렉터였던 지아니니를 보좌했던 미켈레는 지아니니의 사임 후 CEO 비자리의 제안으로 크리에이티브 디렉터를 맡은 지 한 달 만에 컬렉션을 성공적으로 이끌었다.

미켈레는 경계와 규칙이 없는 자유로운 스타일을 선보였다. 여기에는 동양과 서양, 과거와 현재, 남성과 여성, 모던과 빈티지 등 상반된 요소들이 섞여 있다. 히피였던 아버지의 영향을 받은 것으로 알려진 미켈레는 '패션은 서로 다른 영감의 원천들 사이에서 벌어지는 절충적인 대화'라는 철학을 밝

히기도 했다.[3] 그의 스타일은 기존 럭셔리 패션의 소비자층에게는 너무 화려하거나 과장된 것으로 느껴진 반면, 밀레니얼 세대에게는 기존에 보지 못했던 새롭고 독특한 스타일로 받아들여졌다.

구찌의 브랜드 아이덴티티brand identity가 이처럼 변화할 수 있었던 것은 브랜드의 핵심 타깃을 재정의했기 때문이다. 마르코 비자리는 구찌의 핵심 타깃을 기존의 베이비 부머baby boomer 세대에서 밀레니얼 세대millenials로 수정했다. 밀레니얼 세대는 새로움에 대한 욕구를 갖고 있고, 콘텐츠와 감성, 개인적인 관계에 의해 움직이며 자기표현을 중시한다고 분석하고[4] 미켈레를 기용해 브랜드의 아이덴티티를 이에 맞게 변화시켰다.

밀레니얼 세대는 이미 대부분의 산업에서 가장 중요한 소비층으로 설정되어 있다. 많은 패션 브랜드들도 이들의 잠재적 소비 능력을 인지하고 있는 상황이었다. 하지만 구찌 이전에는 그 어떤 브랜드도 밀레니얼 세대를 타깃으로 브랜드의 아이덴티티 자체를 대대적으로 바꾸는 시도를 하지 않았다. 하위 생산 라인이나 컬래버레이션을 통해 만든 한정된 상품만으로 밀레니얼 세대를 겨냥했던 것이다.

반면 비자리는 자신의 스타일을 대중에게 뚜렷이 보여준 적 없는 무명의 디자이너를 선택해 브랜드를 재탄생시켰다. 내부 조직 측면에서도 35세 이하 직원의 의견을 듣고 경영에 반영하는 절차를 시스템화한 '리버스 멘토링reverse mentoring'과 '위원회committee'를 조직해 회사 제품과 커뮤니케이션 전략에 밀레니얼 세대의 관점을 활용할 수 있도록 했다. 이처럼 비자리는 디자인, 조직, 생산 라인, 마케팅 등 거의 모든 부분을 개편하는 모험을 감행함으로써 밀레니얼 세대의 취향을 브랜드 전체에 반영했다. 브랜드를 인지할 수 있는 핵심적인 상징 요소를 제외한 나머지 모든 부분을 혁신한 셈이다. 그 결과는 밀레니얼의 열광적인 호응이었다. 2018년 구찌 전체 매출의 62퍼센트는 35세 이하의 소비자에게서 나왔다.[5]

크리에이티브 디렉터와 리브랜딩

패션 브랜드의 크리에이티브 디렉터는 상품 기획부터 디자인, VMDVisual Merchandising, 광고, 홍보 등 브랜드의 비주얼과 관련된 모든 영역을 총괄한다. 특히 현대의 패션 브랜드는 뷰티, 건축, 여행 등 생활의 거의 모든 영역으로 확장하는 추세에 있기 때문에 크리에이티브 디렉터에게는 패션을 다른 영역과 적절히 융합해 브랜드의 아이덴티티를 구현하고 가치를 높이는 역량까지 요구되고 있다. 지금 패션계는 급진적인 변화의 시대를 맞이했다. 미학적으로 뛰어나고 혁신적인 디자인을 하는 천재 디자이너라고 해도, 시대의 변화를 반영하는 디자인을 보여 주고 실적을 증명하지 못하면 살아남을 수 없다. 2016년 캘빈 클라인Calvin Klein의 크리에이티브 디렉터로 임명됐던 라프 시몬스Raf Simons는 지난 2년간 미국 패션 어워드 CFDA 트로피를 세 번이나 거머쥘 만큼 디자인의 조형적 가치를 인정받았지만, 임기 3년을 채우지 못한 채 브랜드를 떠났다.[6] 기존의 미니멀한 스타일에서 아방가르드와 팝 아트 요소를 담은 스타일로 변화를 시도했지만, 실적이 기대에 미치지 못했기 때문이다.

이러한 상황에서 많은 패션 브랜드들은 수익 부진에서 벗어나고 변화하는 시장에 대응하기 위해 새로운 브랜드 이미지를 만드는 리브랜딩 전략을 사용하고 있다. 패션계에서는 브랜드 아이덴티티를 완전히 바꾸기보다는 크리에이티브 디렉터를 교체해 디자인 콘셉트를 전면 수정하는 리브랜딩 방식이 주로 쓰이고 있다. 브랜드 아이덴티티의 세부 요소인 브랜드명, 로고, 컬러를 변형해 새로운 시각적 아이덴티티를 만들어 내기도 한다.

크리에이티브 디렉터 교체를 통한 패션 브랜드의 리브랜딩은 2010년대에 들어 본격화되다가 2015년 이후로 현저히 증가했다. 교체 시기 또한 더욱 짧아지고 있는 추세다.[7] '스타 디자이너=보장된 성공'은 이제 더 이상 당연한 공식이 아니다. 명성이 높은 디자이너를 선택해 그 영향력에 의존했던 과거와는 달리, 2010년대 이후부터는 젊고 혁신적인 디자이너가 크리에이티브 디렉터로 발탁되는 경우가 늘고 있다. 경제 위기로 인해 패션 브랜드의 매출이 줄어든 상황에서 새로운 돌파구가 필요했기 때문이다. IT 산업이 급격히 발달해 다양한 정보가 공유되면서 소비자의 요구가 다양해지고 개인화되는 상황에 대응하기 위한 새로운 전략이기도 하다. 또 다른 원인은 젊은 소비층의 증가다. 안정적인 것보다는 새롭고 자극적인 것에 흥미를 느끼고, 반응 속도도 매우 빠른 젊은 소비자는 브랜드의 전통적인 디자인에는 매력을 느끼지 않는다. 이들은 디자인 측면에서 새롭고 젊은 브랜드를 요구한다. 이에 따라 오트 쿠튀르Haute couture를 기반으로 한 전통적인 패션 하우스가 트렌디한 패션 브랜드로 변화하는 과정에서 하우스의 전통과 시대적 트렌드를 적절히 결합해 브랜드 아이덴티티를 만들어 내는 것은 브랜드의 성패를 가를 만큼 중요해졌다.

최근에는 제품의 기능이나 질적 우수성뿐 아니라 브랜드가 가진 이미지, 브랜드 경험, 스토리 등 커뮤니케이션과 관련한 요소도 소비자의 구매 결정에 매우 중요한 요인이다. 이제 패션 브랜드는 미적 완성도뿐 아니라 브랜드 아이덴티티 표현까지 고려하며 제품을 디자인하고 있다. 브랜드의 모든 제품을 아이덴티티의 관점에서 관리하는 브랜딩의 개념은 더욱 중요해지고 있다. 시대의 변화를 직시하고 이를 반영해 브랜드 아이덴티티를 재정립하는 것이 패션 브랜드의 성패를 좌우한다고 해도 과언이 아닌 상황이다.

구찌는 유서 깊은 패션 하우스에서 크리에이티브 디렉터를 바꿔 리브랜딩한 사례 중 가장 성공적이고 혁신적이라는 평가를 받고 있다. 미켈레를 통해 리브랜딩된 구찌의 행보는 크리에이티브 디렉터의 역량이 패션 브랜드의 성장에 미치는 영향력의 크기를 보여 준다. 또한 새로운 소비자층에 적응해야 하는 패션계의 현안을 대변한다. 고유성은 유지하되 아이덴티티를 유연하게 변형하는 것은 패션 브랜드에게 무엇보다 중요한 과제가 되었다.

디자인 전략 ; 유연성과 확장성

시장과 소비자의 끊임없는 변화 속에서 패션 브랜드에게는 지속 가능한 아이덴티티sustainable identity 전략이 요구되고 있다. 전통만을 내세우지 않고 통일성 속의 다양성, 유연성, 확장성에 중심을 두면서 브랜드 진화를 꾀해야 한다. 유연성flexibility은 브랜드 아이덴티티의 기본형에서 파생된 다양한 형태의 비주얼 이미지를 만드는 것을 의미한다. 브랜드 아이덴티티에서 변하지 않아야 할 부분은 유지하면서 변해야 할 부분에는 시대적 요구를 적절히 반영하는 것이다. 확장성expandability

은 커뮤니케이션 매체를 다양한 각도로 활용하고, 다른 문화 영역과의 융합에 열려 있는 것을 의미한다.

미켈레는 기존의 구찌가 추구한 클래식하고 럭셔리한 분위기를 과감히 탈피하는 대신 젊은 세대들의 공감을 이끌어 낼 수 있는 대담한 디자인을 선보였다. 규칙, 성性, 시대의 구분이 없는 스타일이다. 밀레니얼 세대는 사회적 기준이나 시선에 자신의 패션을 맞추기보다는 스스로가 아름답다고 느끼는 방식을 옷으로 표현한다. 사회적 신분이나 지위에 민감했던 기성세대와 달리, 자신만의 존재감과 감성을 표출할 수 있는 스타일을 중요시하는 것이다. 다양한 요소가 섞여 있는 미켈레의 스타일은 이들에게 새로운 선택지를 제공했다. 바로 기존 패션의 틀에서 벗어나 유연하게 옷을 입는 방식이다.[8] 미켈레의 구찌는 크로스오버, 빈티지와 스트리트, 맥시멀리즘maximalism 등의 스타일 요소를 갖고 있다. 이를 바탕으로 아이코닉 아이템을 재구성한 것 역시 구찌의 디자인 전략이다.

① 크로스오버

구찌는 이분법적인 사고에서 벗어나 모든 상반된 요소가 공존하는 복합 문화를 보여 준다. '예술, 성별, 문화, 지위를 아우르는 것이 구찌의 아름다움에 대한 비전[9]'이라고 표방한 것처럼, 새로운 구찌의 디자인에는 남과 여, 동양과 서양, 아름다움beauty과 추함ugly, 과거와 현재 등 상반된 이미지들이 혼합되어 있다. 여기에 미켈레만의 개성이 더해지면서 기존 구찌의 스타일에서 벗어난 자유로운 감성이 표현되었다. 이를 바탕으로 구찌는 다른 브랜드와 차별화되는 독자적 스타일을 구축했다.

구찌의 주 소비층인 밀레니얼 세대는 이전의 어떤 세대보다도 문화적 배경과 인종, 젠더에 관대한 특성을 지닌 것으로 알려져 있다. 이들은 패션에서도 각자의 다름을 초월하고자 한다. 이는 '나는 젠더보다 아름다움에 대한 관점에서 패션을 시작했다'[10]고 말하는 미켈레의 디자인 철학과도 상통한다. 이제 패션에서 남녀의 의상을 구분하는 것은 무의미하며, 아름답게 표현할 수 있다면 그것만으로 의미가 있다는 것이다. 새로운 세대에게는 패션이 개인의 젠더 정체성보다는 미적 정체성을 표현하는 도구로서 더 큰 의미가 있다. 특히 미국의 밀레니얼 세대는 역사상 가장 다양한 인종이 섞여 있으며, 48퍼센트는 백인이 아닌 유색 인종non-Caucasian으로 알려져 있다.[11] 때문에 같은 인종끼리 느끼는 문화적 유대감은 점차 줄어들고, 다양한 인종이 감정적으로 공유하는 복합적 문화가 빠르게 확산될 것으로 예상된다. 리브랜딩된 구찌가 선보인 디자인은 성적 매력을 강조한 톰 포드나 엘레강스하고 럭셔리한 분위기를 강조한 프리다 지아니니의 디자인과 달리 남성복과 여성복의 요소들이 융합되어 성의 구분이 모호한 디자인이었다. 이는 젠더에 대한 이분법적 사고에 의미를 두지 않고 자신과 다른 인종이나 취향에 대해 배타적이지 않은 젊은 세대의 취향과 잘 맞아떨어졌다.

② 빈티지, 스트리트

구찌의 수장이 되기 전부터 미켈레의 대표적인 스타일이었던 레트로한 빈티지 스타일은 스트리트 스타일과 결합되면서 '너드 시크(Nerd Chic·사회성이 부족한 비주류 집단인 괴짜를 표현한 패션)'나 '긱 시크(Geek Chic·컴퓨터와 기술 마니아들의 괴짜 패션)'로 표현됐다. 이전의 구찌는 시크, 럭셔리, 페미닌 등 사회적 주류의 단정하고 깔끔한 이미지를 표현해 왔다. 그러나 미켈레는 오래된 듯한 느낌을 주는 의상에 헤어밴드, 피어싱, 레이어드된 많은 액세서리 등 하위문화의 요소들을 가져와 기존의 럭셔리 브랜드에서는 보지 못했던 자유분방함을 표현해 젊은 소비자를 단번에 사로잡았다. 이전 세대는 패션에 있어서도 지위나 직업, 사회적 성공도를 보여 줄 수 있는 격식을 갖춘 정형화된 스타일을 선호했다. 하지만 새로운 세대에게 패션은 사회적 의미보다는 개인의 만족과 자아 표현의 측면이 크기 때문에, 사회에서 일반적으로 통용되는 아름다움과 추함에 대한 이분법적 구도를 받아들이지 않는다. '어글리 패션ugly fashion' 같은 새로운 스타일이 생겨난 이유이기도 하다. 새로운 세대에게 아름다움과 추함은 좋은 것好과 싫은 것不好이 아니라 다른 취향일 뿐이다. 추함이 아름다움의 반대가 아니라 또 다른 아름다움의 발견일 수 있는 것이다. 미켈레의 너드 시크나 긱 시크 스타일은 기성세대의 눈에는 사회적 주류에 포함되지 못한 비주류의 패션이지만, 젊은 소비자에게는 기존에 보지 못했던 신선하고 흥미로운 패션으로 받아들여졌다.

③ 맥시멀리즘

미켈레는 다양한 조형적 요소를 풍부하게 사용해 맥시멀리즘 스타일을 선보인다. 보색 대비 등 원색의 조합을 비롯해 리본, 자수, 보석 등이 들어간 과장된 디테일과 액세서리를 활용한다. 그리고 이러한 스타일은 정제되고 모던한 표현이 주를 이루는 기존 럭셔리 브랜드와는 다른, 일명 '구찌화Guccification'라 불리는 특유의 시각적 정체성을 구축했다.[12]

④ 아이코닉 아이템 재구성

구찌는 브랜드 고유의 역사를 담고 있는 다양한 아이코닉 아이템을 새로운 감각에 맞게 재구성했다. 소비자에게 변화된 브랜드를 빠른 시간 내에 홍보하고 각인시킬 수 있었던 이유

다. 말의 등에 안장을 고정할 때 사용하는 캔버스 밴드에서 영
감을 받아 1951년에 만들어졌던 스트라이프 '더 웹The Web'은
기본 컬러 조합인 GRG(그린-레드-그린)와 응용 버전인
BRB(블루-레드-블루)가 있는데, 미켈레는 특유의 컬러 조합
이 주는 캐주얼한 분위기를 살려 다양한 디자인에 활용함으
로써 브랜드의 젊은 감각을 표현했다. 이 외에도 의상에서
GG 로고와 인터로킹 G(Interlocking G·알파벳 G가 서로 반대로
겹쳐진 모양의 로고)를 활용한 디테일과 패턴을 선보였다. 액세
서리에서는 마몬트 백Marmont Bag, 실비 백Silby Bag, 디오니소스
백Dionysus Bag, 뱀부 백Bamboo Bag 등 시그니처 백의 사이즈와 착
장 방식을 다양하게 선보였다. 손으로 쥘 수 있는 핸들이 있는
버전과 없는 버전, 작은 사이즈와 중간 사이즈, 숄더백과 미니
백, 벨트 백 등 다양한 버전이 출시됐다. 가방에 구찌의 시그
니처 컬러 조합을 대담하게 매치한 디자인을 선보이기도 했
다. 이는 브랜드의 새로운 아이덴티티를 더욱 확고히 하는 조
형적 표현 방식이라고 할 수 있다. 더불어 기존의 초고가 제품
외에도 일상생활의 '작은 럭셔리' 제품들을 다양하게 제작하
여 핵심 제품군에 포함시켰다. 젊은 세대가 쉽게 접근할 수 있
는 제품군을 만들면서 브랜드의 아이덴티티를 새롭게 규정한
셈이다.

브랜딩 전략 ; 고유성을 변형하라

오랜 전통의 하우스 브랜드는 그 시간만큼 소비자에게 각인되어 온 시각적 상징 요소를 가지고 있다. 이를 활용해 새로운 상징 요소를 만들면 리브랜딩된 브랜드의 정체성을 시각적으로 표현할 수 있다. 브랜드 네임이나 로고와 같은 '언어적 요소'와 심벌을 비롯한 그래픽 이미지들로 구성된 '비언어적 요소'를 모두 활용하는 것이다. 브랜드의 고유성을 기반으로 새로운 시대와 호흡하고, 변화한 브랜드 환경과 스타일을 뚜렷한 시각적 이미지를 통해 전달하는 방법이다. 새로운 아이코닉 요소를 시리즈화해 유행을 만들어 낼 수도 있기 때문에, 제품 디자인과 마케팅 분야 모두에서 활용 가치가 매우 높다.

미켈레는 이전의 어떤 크리에이티브 디렉터보다 다양한 아이코닉 이미지를 파생시켰다. 구찌의 과거와 현재를 상징하는 다양한 이미지를 만들어 내고, 이를 캐주얼한 스타일로 변형했다. 이런 시도로 구찌의 브랜드 아이덴티티와 패션 스타일은 풍부해졌고, 리뉴얼된 브랜드를 매우 빠른 속도로 소비자에게 각인시킬 수 있었다.

① 로고 플레이

로고는 브랜드를 각인시키는 가장 직접적인 표현이자 강렬한 인상을 남기는 상징이다. 소비자가 브랜드의 상품과 서비스에서 기대할 수 있는 품질을 본능적으로 식별할 수 있게 하는 요소이기도 하다. 따라서 로고의 변형은 브랜드 진화의 표현이다. 최근 패션계에는 기존 브랜드의 로고나 심벌을 재해석한 '로고 플레이logo play'가 주요한 트렌드로 자리 잡았다. 의상이나 액세서리에 자수, 프린트, 문양 등으로 재해석한 로고를 표현하는 것이다. 럭셔리 브랜드가 스트리트 패션과 융합하면서 캐주얼화되고 있음을 보여 주는 현상이자, 자신의 취향을 적극적으로 드러내는 밀레니얼 세대와도 부합하는 트렌드다.

고급스러움을 추구하는 기성세대는 럭셔리 패션에서 오히려 로고를 감추는 로고리스logoless 스타일을 선호했다. 하지만 젊은 세대는 SNS에서 자신의 존재감을 드러내고 싶어 한다. 럭셔리 브랜드 제품 중에서도 상대적으로 편안하게 접근할 수 있는 스트리트 패션이나 스포츠 패션 스타일의 스웨트 셔츠, 신발, 가방 등에서 로고를 강조하는 스타일이 대거 등장하고 있는 이유다. 이러한 흐름 속에서 'GG' 로고를 넣은 마몬트 백과 벨트는 새로운 구찌를 상징하며 최고 인기 아이템으로 등극했다.

로고 플레이는 가장 직접적으로 브랜드를 강조하기 때문에, 크리에이티브 디렉터의 교체 주기가 짧아지면서 계속해서 변화하는 브랜드를 빠르게 홍보하는 방법이다. 특히 리

브랜딩으로 브랜드 네임이나 로고 서체가 바뀌는 경우에는 더욱 효과적인 마케팅 수단이 된다. 구찌는 크리에이티브 디렉터가 교체된 후 GG 로고나 인터로킹 G, 로고의 크기를 확대하거나 반복하는 디자인을 통해 캐주얼하고 젊은 브랜드의 아우라aura를 잘 표현하고 있으며, 브랜드의 세대교체를 적극 홍보하고 있다.

구찌는 일반적으로 브랜드가 중요시하는 상표권 측면에서도 유연함을 보여 주었다. 자사 로고를 무단 활용한 그래피티를 선보이던 아티스트 트레버 앤드류Trevor Andrew와 손잡고, 오히려 그의 예명인 '구찌 고스트Gucci Ghost'를 협업 라인의 이름으로 붙이기도 했다. 그와 함께 작업한 2018 리조트 컬렉션에서는 구찌Gucci 로고를 'GUCCY', 'GUCCIFY'등으로 변형한 페이크 로고Fake Logo를 활용해 가품의 이미지를 풍기는 진품을 제작했다. 스스로에 대한 오마주hommage로 스트리트 감성을 드러낸 시도는 권위의 경계 없이 확장된 브랜드의 모습을 보여 줬다. 엄숙함보다는 유머와 신선함을 기대하는 밀레니얼 세대의 영향을 엿볼 수 있다.

② 서브그래픽 엘리먼트

서브그래픽 엘리먼트subgraphic element는 로고와 심벌 이외에 브랜드 아이덴티티를 상징적으로 표현하는 시각적 요소다. 브랜드의 이미지를 시각화할 수 있는 사물이나 이를 변형한 캐릭터, 일러스트레이션 등이며, 사용자가 제품을 반사적이고 즉각적으로 알아볼 수 있게 하는 일종의 기호 역할을 한다. 1966년에 만들어진 '구찌 가든Gucci Garden'은 꽃을 의미하는 '플로라flora'와 계절을 대표하는 열매, 풍뎅이나 벌, 나비와 같은 곤충이 함께 구성된 '구찌의 식물도감' 같은 이미지로, 구찌를 상징하는 대표적인 표현 요소다.

그간의 '플로라'는 우아하고 페미닌한 여성의 아름다움을 표현하는 구찌의 상징이었다. 반면 새로운 구찌는 자수, 비즈beads, 패치워크patchwork 등 다양한 방법으로 나비, 새, 잠자리, 도마뱀, 별, 하트, 고양이, 번개, 불꽃 등을 표현한다. 화려하고 원색적이며, 장식적인 디자인으로 재탄생한 것이다. 이는 브랜드의 고전적 서브그래픽 엘리먼트와 미켈레의 빈티지 미학이 융합된 결과다. 모던한 스타일이나 우아함을 표현하는 기존 럭셔리 브랜드의 서브그래픽 엘리먼트와 차별화되면서 인기를 얻었고, 패션 아이템에서뿐 아니라 웹 공간에서도 다양하게 활용되고 있다. 새로운 구찌의 대표적인 브랜드 연상 모티브이기도 하다.

온라인과 오프라인을 재정의하다

패션 커뮤니케이션 매체의 역할은 점점 중요해지고 있다. 패션 브랜드는 이미지와 콘셉트를 효과적으로 전달하기 위해 갈수록 다양한 문화적·기술적 방식을 활용한다. 패션쇼 같은 전통적 매체는 물론 패션 전시, 패션 필름 같은 새로운 수단을 이용한다. 또한 브랜드 웹 사이트와 SNS 등 다양한 매체에서 여러 가지 시각적 표현을 제공하면서 진화하고 있다.

가장 중요한 패션 소비자로 떠오른 밀레니얼 세대는 디지털 안에서 태어나고 성장한 디지털 네이티브digital natives 세대다. 시각 요소에 대한 반응이 빠르고, 집중 시간은 평균 8초로 짧지만 멀티태스킹multitasking이 가능하고, 텍스트 대신 이미지와 이모티콘 등의 시각적 수단으로 감정을 표현하는 데 익숙하다. 현실과 디지털 세계의 경계를 뚜렷이 인식하지도 않는다. 인스타그램Instagram과 스냅챗Snapchat 같은 이미지 중심의 커뮤니케이션 채널을 선호하며, 타인이 만든 이미지를 공유하기보다는 자신이 직접 제작에 나서는 적극성을 지녔다. 특히 밀레니얼 세대의 47퍼센트는 소셜 미디어가 자신의 구매 행동에 직접적인 영향을 끼친다고 생각하고 있는 것으로 나타나, 나머지 연령대의 19퍼센트가 영향을 받는다고 응답한 것과는 상반된 모습을 보였다.[13]

새로운 젊은 소비자들은 광고나 전문가의 권유보다는 스스로 다양한 채널을 통해 수집한 정보와 경험을 토대로 제품의 가치를 판단하고 구매를 결정한다. 이전 세대가 주로 자신보다 높은 연령층에게서 영향을 받았던 것과 달리, 밀레니얼 세대는 비슷한 연령대의 인플루언서에게 더욱 많은 영향을 받는다. 이러한 특성과 밀레니얼 세대의 구찌에 대한 환호를 증명하듯, SNS의 유명 인플루언서이자 래퍼인 2000년생 릴 펌프Lil Pump는 온몸에 구찌 제품을 두르고 〈구찌 갱Gucci Gang〉이라는 노래로 인기를 끌어 빌보드 차트 3위, 유튜브 조회 수 9억 회를 달성했다. 이는 기존 구찌 소비자에게는 당황스러움을, 새로운 세대에게는 열광을 불러일으켰다. 이처럼 밀레니얼 세대와 긴밀히 교감한 것은 구찌가 다른 패션 브랜드와 가장 차별화된 지점이었다.

구찌는 브랜드가 표방하는 가치와 디자인 철학을 새로운 주 소비층인 밀레니얼 세대가 선호하는 방식으로 표현하기 위해 핵심 커뮤니케이션 매체를 전환했다. 꾸준히 소셜 미디어 활용을 늘려 왔고, 온라인 판매에 주력하며, 한정 판매용 애플리케이션, 디지털 아트 작업, 가상 현실VR, 게임 애플리케이션 등 새로운 온라인 작업에 적극 참여한다. 이런 시도를 통해 구찌는 럭셔리 패션 시장에서 새로운 세대가 원하는 커뮤니케이션의 선두에 서 있다.

구찌는 '디지털에 가장 능숙한 패션 브랜드'라는 평가를 받는다.[14] 공식 웹사이트에서는 '구찌 가든' 등 온라인 전용 상품을 판매한다. 웹사이트의 세부 메뉴인 '구찌 스토리

Gucci Story'에는 브랜드의 역사와 전통, 셀러브리티celebrity, 캠페인, 예술적 행보 등 브랜드의 과거와 현재에 관한 모든 이야기가 담겨 있어 럭셔리 패션 브랜드의 웹사이트 중 가장 풍부한 콘텐츠를 제공한다.

2017년과 2018년에는 '구찌 플레이스Gucci Place'라는 여행 애플리케이션을 선보였다. 미술관, 예술가의 작업실, 복합 쇼핑 공간, 영국 공작의 저택 등 구찌의 영감을 자극했던 세계의 다양한 공간을 소개하는 애플리케이션이다. 브랜드의 취향과 가치를 반영하는 장소에 대한 정보와, 장소와 관련 있는 구찌의 흥미로운 스토리를 전달한다. CPSCyber Physical System 기술을 이용해 애플리케이션에서 소개하는 장소에 실제로 가면 배지badge를 수집할 수 있도록 했다. 현장에서는 한정판 제품을 판매했다. 구찌만의 감성을 밀레니얼 세대가 선호하는 공간과 여행이라는 테마에 맞춰 디지털 기술을 활용해 표현한 사례다. 독특한 경험을 제공해 팬덤 현상을 강화한 것인데, 럭셔리 패션 브랜드에서는 새로운 시도였다.

구찌는 코코 카피탄Coco Capitan, 안젤리카 힉스Angelica Hicks, 이그나시 몬레알Ignasi Monreal, 언스킬드 워커Unskilled Worker, 제이드 피시Jayde Fish와 같은 인스타그램의 젊은 스타 예술가를 발굴해 회화, 사진, 디지털 드로잉, 설치 미술 등 다양한 장르와 컬래버레이션하면서 디자인과 마케팅 영역에서 독특한 브랜드 정체성을 구축해 왔다. 패션 브랜드와 예술의 만남은 이미 여러 브랜드에서 시도했던 방식이지만, 구찌는 스트리트 패션과 연계된 스타일, 온라인 한정 판매 컬렉션, 광고 캠페인 체험 이벤트, 아트 프로젝트 등을 통해 보다 젊은 세대의 취향에 맞춘 콘텐츠를 공식 웹사이트와 유튜브, 소셜 미디어를 통해 빠르게 전개했다. 특히 디지털 아트로 제품을 현실감 있게 체험하도록 해서 단순 관람을 넘어 구매를 촉진했다.

최근 구찌와 가장 많은 작업을 한 이그나시 몬레알은 젊은 스페인 예술가다. 2015년 '#구찌그램#guccigram'을 시작으로 구찌와 다양한 아트 프로젝트를 지속적으로 진행해 왔다. 그의 대표 작업인 2018 S/S 캠페인은 고전 미술의 이미지를 자아내는 작품을 디지털 작업으로 제작해 애플리케이션을 통해 3D로 체험할 수 있도록 했다. 이는 구찌 애플리케이션을 실행해 구찌 매장의 쇼윈도를 스캔하면 캠페인을 위한 마이크로 사이트microsite로 연결되는 방식으로, 사이트에서는 다양한 스마트폰 배경 화면과 몬레알의 일러스트레이션, 온라인에서 구매 가능한 구찌 제품을 둘러볼 수 있다. 매장에서는 몬레알의 작품인 '구찌 유니버스Gucci Universe'를 360도 파노라마와 가상 현실로 체험할 수 있고, 리미티드 에디션도 판매한다. 이처럼 구찌가 제공하는 새로운 브랜드 경험은 디지털 기술을 통해 온라인과 오프라인 매장을 연결해 상품 구매를 유도

하며, 브랜드와 소비자의 라이프스타일을 자연스럽게 연결한다. 구찌의 시도를 통해 온라인과 오프라인 매장의 역할도 다시 정의되고 있다.

유에서 유를 창조하라

패션의 가장 근본적인 속성은 변화다. 변화 속에서 새로운 스타일이 만들어지고, 매 시즌 트렌드가 바뀌고, 소비자의 취향이 달라지면서 새로운 취향에 맞는 스타일이 생산된다. 하지만 역설적이게도 브랜딩 영역에서는 일관성을 유지하는 전략이 오랫동안 사용되어 왔다. 과거의 안정적인 비즈니스 환경에서는 이처럼 장기적인 전략을 세우는 것이 가능했다. 하지만 소비자와 비즈니스 환경의 변화가 잦아진 오늘날의 브랜딩은 반드시 변화를 반영해야 한다. 과거의 획일적인 일관성 대신 유연한 일관성을 가져야 한다. 브랜드의 확고한 정체성인 핵심 아이덴티티에서 출발해 동시대의 정서와 상황을 고려한 확장적 아이덴티티를 표현하는 유연성은 이제 브랜드 존립의 핵심이다.

　　구찌의 변신과 성공은 현재 패션 브랜드가 처한 상황을 대변했기에 더욱 주목을 받았다. 구찌의 성공은 뛰어난 개인 역량을 지닌 크리에이티브 디렉터, 그와 뜻을 같이하며 시대의 흐름을 읽는 조력자, 그리고 그들의 이상을 빠르고 효율적으로 현실화해 낼 수 있는 조직 및 자본과 시스템 구축, 이 세 가지가 모두 충족되었기에 가능한 일이었다.

미켈레는 자신의 미적 철학이 투영된 구찌의 아이덴티티가 트렌드를 이끌 수 있다는 사실을 입증했고, 구찌의 변화는 명품 브랜드를 바라보는 대중의 기대가 변화했음을 보여 주었다. 이제 패션 브랜드는 로고를 통한 과시에서 디자이너가 주는 심미적 가치를 넘어, 고객 스스로가 판단하고 참여해서 완성해 가는 하나의 생명체 같은 존재가 되었다.

미켈레의 패션 철학에서도 알 수 있듯이 현대 패션에서 디자인은 무에서 유를 창조하는 것이 아니라 유에서 유를 창조하는 선택과 조합의 과정이다. 뛰어난 크리에이티브 디렉터로 인정받기 위해서는 혁신을 만드는 창조성은 물론, 다양한 분야를 융합하는 능력이 필요하다. 돌이켜 보면 21세기 패션의 역사에서 자신만의 독창적 디자인을 창조해 브랜드 아이덴티티를 획기적으로 변화시킨 크리에이티브 디렉터로 평가받는 알렉산더 맥퀸Alexander McQueen, 존 갈리아노John Galliano, 마크 제이콥스Marc Jacobs 역시 시간과 공간, 젠더와 예술 등 다양한 요소에 대한 탁월한 융합 기술을 보여 줬던 맥시멀리스트였다. 이들은 아름다움을 구현하는 데 있어서는 경계를 두지 않는 폭넓은 심미안으로, 오랜 역사를 통해 쌓아 온 브랜드의 고유한 아이덴티티 위에 유연성의 전략을 펼침으로써 시대의 모습이 투영된 새로운 브랜드 아이덴티티를 구현해 냈다.

탁월한 크리에이티브 디렉터를 발탁해 내놓은 파격적 디자인과 함께 가장 효과적이었던 구찌의 전략은 밀레니얼 세대와 디지털에 대한 대응이었다. 현재 패션 산업은 소셜 미디어뿐 아니라 빅데이터, 인공지능, 가상 현실 등과 융합되면서 변화의 시기를 겪고 있다. IT 기술 혁명이 불러온 라이프스타일의 변화와 새로운 세대의 등장, 가치 중심의 소비 등이 복합 작용하면서 생겨난 결과다. 구찌는 여기에 가장 발 빠르게 대처하면서 패션 브랜드의 다양한 디지털 커뮤니케이션 채널 활용 방안을 제시했다. 이는 패션 브랜드가 '밀레니얼화'된 럭셔리를 고려해야 한다는 점도 보여 준다. 과거의 럭셔리는 소수 계층만 누릴 수 있는 특권이었지만, 이제는 누구나 개인화된 디지털 기기와 미디어를 활용해 원하는 시간에 원하는 방식으로 럭셔리를 즐길 수 있다. 새로운 가치관과 라이프스타일, 4차 산업혁명 시대의 디지털 환경이 맞물리면서 럭셔리 패션의 정의와 가치도 변화하고 있다.

시대가 변함에 따라 패션 브랜드의 가치도 끊임없이 변화한다. 구찌의 2018년 매출은 전년 대비 33퍼센트 성장했지만, 2019년 매출 성장률은 16.2퍼센트로 다소 주춤했다.[15] 이러한 데이터는 맥시멀리즘의 유행이 쇠퇴하거나, '구찌화된 스타일'만이 계속된다면 구찌도 언젠가는 다른 브랜드와 다를 바 없이 내리막길 앞에 놓일 수 있음을 시사한다. 다만 미켈레의 디자인 철학에는 자유, 유연성, 개성 추구가 굳건히 자리 잡고 있다. 지위와 명성보다는 자신만의 독자적 스타일을 만드는 것을 중시하면서 기존 럭셔리 패션의 문법을 따르지 않는 세계를 만들어 왔다. 여전히 미켈레는 자신만의 스타일을 만들어 가고 있고, 어쩌면 이미 하나의 스타일로 규정된 '구찌화' 스타일의 경계를 넘으려는 새로운 시도를 하고 있을 것이다.

이규탁은 한국조지메이슨대 교양학부 교수로 재직 중이다. 케이팝과 대중음악을 집중적으로 연구한다. 저서 《케이팝의 시대》, 《대중음악의 세계화와 디지털화》, 《갈등하는 케이, 팝》을 비롯해 케이팝과 대중음악에 관한 다수의 글을 썼다.

인기를 역수입하다

방탄소년단BTS은 소위 '3대 기획사(SM, YG, JYP)'라고 불리는 대형 기획사 소속이 아니다. BTS를 성공시키기 전까지는 작곡가이자 프로듀서로 더 유명했던 방시혁이 이끄는 소규모 기획사였던 빅히트Big Hit 엔테테인먼트 소속으로 2013년 6월 앨범 《2 COOL 4 SKOOL》을 통해 데뷔했다. 이들은 데뷔 해에 멜론 뮤직 어워드, 골든디스크 시상식, 가온차트 뮤직 어워즈 등 몇몇 국내 음악 시상식에서 '올해의 신인상'을 수상했다. 인지도 확보에 어려움을 겪는 많은 중소 기획사 소속 아이돌들과는 달리 비교적 순탄하게 경력을 시작한 셈이다.

데뷔 초기 BTS에 대한 국내 케이팝K-Pop 팬들의 반응이 아주 뜨거웠다고는 할 수 없다. '학교 3부작'[16]이라는 이름으로 불리는 초기 앨범들이 발매된 2014년 무렵까지만 해도 이들의 인기와 인지도는 아예 없다고는 할 수 없지만, 그렇다고 특별히 대단한 것도 아닌 뜨뜻미지근한 상황이었다. 케이팝 아이돌의 팬덤 크기를 한눈에 보여 주는 앨범 판매량을 통해 당시 상황을 쉽게 확인할 수 있다. 문화 체육 관광부가 공인해 가장 공신력 있다고 평가받는 가온차트의 2014년 연간 결산 차트에서 BTS가 2014년에 발매한 세 장의 앨범 《Dark & Wild》, 《SKOOL LUV AFFAIR》, 《O!RUL8,2?》는 각각 14위, 20위, 92위를 차지했다.[17] 중소 기획사 소속 데뷔 2년 차 그룹으로서는 나쁘지 않은 성적이었다. 하지만 선풍적인 인기를 끌었다고 평가하긴 어려운 다소 애매한 수준이었다.

당시 BTS는 케이팝 팬들 사이에서 두 가지 이유를 토대로 나름의 인지도를 쌓아 가고 있었다. 첫 번째는 독특한 느낌의 그룹 이름이고 두 번째는 팬층이었다. 영어로 된 그룹 이름이 대부분인 케이팝 아이돌 사이에서 '방탄소년단'이라는 이름은 팬들에게 확실히 각인되는 효과는 있었지만 다소 촌스럽다, 심지어 '손발이 오그라든다'라는 평가를 받기도 했다. 당시 케이팝 팬들 사이에서 BTS를 일컫는 명칭은 '초통령', 즉 초등학생들의 대통령이었다. 이들이 주로 10대 초반의 초등학생을 중심으로 인기를 얻고 있음을 뜻하는 것이다. 실제로 이 시기 BTS의 팬 사인회나 공연 등에 참석했던 사람들은 행사장에 모여든 팬 대부분이 초등학교 고학년이나 중학생이었다고 증언하곤 한다.

이러한 애매한 성과에는 여러 가지 이유가 있겠지만, 아무래도 이들이 미디어 산업의 '푸시push'를 기대하기 힘든 중소 기획사 소속이었다는 점이 가장 중요하게 작용했다. 데뷔 전부터 방송 출연이나 선배 가수 뮤직비디오 출연 등의 기회를 잡을 수 있는 대형 기획사 소속 아이돌과는 달리, 소형 기획사 소속의 BTS는 미디어 노출을 기대하기 힘들었다. 더불어 이들은 처음부터 일반적인 케이팝 아이돌 그룹을 목표로 한 것이 아니라 힙합 그룹으로서의 정체성을 우선시했다. 그러다 보니 다른 아이돌 그룹에 비해 소위 '비주얼'에서 세련미도 다소 떨어졌고, 랩 실력은 뛰어난 데 비해 대중에게 쉽게 존재감을 어필할 수 있는 보컬 실력은 초창기에는 그렇게 출중하지 않았다.

이러한 한계 속에서 소속사 빅히트와 BTS가 선택한 전략은 해외를 타깃으로 삼는 것이었다. 국내 시장에서 정체성과도 잘 맞지 않는 미디어 노출을 억지로 감행하기보다는, 하고자 하는 대로 음악을 만들면서 동시에 해외 케이팝 팬들에게 적극적으로 어필함으로써 돌파구를 찾았다. 실제로 BTS는 이미 2014년부터 CJ E&M이 해외에서 주최하는 한류 콘서트 케이콘KCON에 출연하기 시작했다. 특히 2016년에는 3월부터 7월까지 뉴욕, LA, 아부다비, 파리 등 세계 각지에서 다양한 시기에 열린 케이콘에 모두 참석해 공연할 정도로 적극적으로 해외 팬들에게 다가가려 노력했다. 흔히 이들의 글로벌한 성공 원인으로 미디어에서 되풀이되어 언급되곤 하는 화려하고 난이도 높은 안무 퍼포먼스를 해외 무대에서 지속적으로 선보인 덕분에, 이 무렵 BTS는 국내에서의 인기에 비해 상대적으로 큰 인기를 해외에서 누리게 되었다. 일례로 국내 정부 관련 기관에서 매년 미국 내 케이팝 팬들을 대상으로 실시하는 '가장 좋아하는 케이팝 가수'에 대한 설문 조사에서

BTS는 이미 2014년부터 가장 높은 빈도수로 언급되는 가수였다.[18] 그리고 2016년 무렵에는 2위와의 격차가 세 배 이상으로 벌어질 정도로 압도적인 1위가 되었다.[19]

밑바닥부터 다진 글로벌 팬덤

2017년 5월 BTS는 빌보드 뮤직 어워드Billboard Music Awards · BBMA의 '톱 소셜 아티스트Top Social Artist' 상을 수상하며 미국에서의 존재감을 본격적으로 과시하기 시작했다. 이후 이들은 같은 해 하반기 다섯 번째 미니 앨범EP인 《Love Yourself 承 'Her'》를 빌보드 메인 앨범 차트인 빌보드 200에서 7위에 올려놓으며 유명 인사가 되었다. 같은 해 BTS는 아메리칸 뮤직 어워드 American Music Awards · AMA 시상식에서 초청 가수로 공연을 했고, 이어 NBC의 엘렌 쇼The Ellen DeGeneres Show 등과 같은 미국 지상파 방송국의 유명한 토크쇼에 잇달아 출연하기도 했다.

이렇게 BTS가 미국 시장을 중심으로 전 세계적인 인기 가수로 발돋움했을 무렵, 필자는 다수의 신문과 잡지, 방송국 기자들로부터 이들에 관한 질문을 여러 번 받았다. 도대체 어떤 가수이기에 이렇게 갑자기 미국 시장에서 주목하느냐는 것이다. 국내는 물론 해외 시장에서 이미 큰 인기를 누린 바 있는 빅뱅이나 슈퍼주니어 같은 그룹이 2세대 케이팝 아이돌이라면, BTS는 3세대 아이돌이라고 할 수 있다. 같은 3세대 아이돌 그룹 중 해외에서 인기를 누리고 있는 엑소EXO나 트와이스는 국내에서 이미 정상의 자리에 올라 대중적으로 널리 알려진 그룹이었다. 반면 BTS는 국내 대중에게는 이름은 알지만 정작 노래는 들어 본 적 없고, 히트곡이 뭔지도 잘 모르는 그룹이었는데 빌보드 앨범 차트 Top 10에 들고, 미국 4대 음악 시상식[20]과 미국 주류 미디어로부터 큰 주목을 받으니 국내 미디어 입장에서는 갑작스러운 일이었을 것이다.

하지만 케이팝의 팬이라면, 특히 케이팝 인기의 해외 동향에 관심을 갖고 있던 사람이라면 해외 시장, 특히 미국을 중심으로 한 동아시아 바깥 시장에서 2017년부터 BTS가 거두기 시작한 성과가 그렇게 뜬금없는 일은 아니었을 것이다. 앞서 언급했듯이 미국 현지 케이팝 팬들 사이에서 BTS의 인기는 이미 상당했다. 이러한 인기는 2015년 11월 그들의 네 번째 미니 앨범《화양연화 pt. 2》가 빌보드 200에서 171위를 기록하며 첫 차트 진입에 성공한 것으로 서서히 드러나기 시작했다. 이후 2016년에는《화양연화》pt. 1과 2를 집대성하고 신곡을 추가한 리패키지re-package 앨범[21]《화양연화 Young Forever》(107위) 및 정규 2집 앨범《Wings》(26위)를 차트에 올렸고, 2017년 2월에는 정규 2집의 리패키지《You Never Walk Alone》(61위)를 차트에 올리는 등《화양연화 pt. 2》이후 발매된 모든 앨범이 빌보드 200에 점점 더 높은 순위로 꾸준히 진입하고 있었다. 게다가 해당 앨범들에 수록된 싱글들 〈불타오르네Fire〉, 〈피 땀 눈물〉, 〈봄날〉, 〈Not Today〉 등의 유튜브 조회 수 1억 달성 속도도 점점 더 빨라지고 있었다. BBMA에서의 '톱 소셜 아티스트' 분야 수상 및 AMA 시상식 무대 공연, 빌보드 200 Top 10 진입 등으로 성과가 가시화된 시기가 2017년이라고 할 수 있다.

　　이런 면에서 BTS의 미국 시장 진입 성공과 인기는 〈강남스타일〉의 인기 양상과는 차이가 있다. 그전까지 빌보드 차트를 포함한 미국 시장에서 어떠한 활약상도 없던 싸이가 뮤직비디오의 화제성 하나만으로 〈강남스타일〉을 전 세계적으로 히트시킨 것은 분명 대단하고 의미 있는 일이다. 하지만 달리 말하면 이것은 싸이라는 가수의 팬덤이 구축된 적 없는 상황에서, 즉 어떠한 히스토리도 없는 상황에서 싱글 하나만을 뜬금없이 히트시킨 것이었다. 그리고 이렇게 토대가 단단하지 않은 상황에서의 인기는 그만큼 빠르게 휘발되기도 쉽다. 따라서 1990년대 말을 대표하는 로스 델 리오Los del Rio의 전 세계적인 히트곡 〈마카레나Macarena〉가 그랬듯 싸이의 〈강남스타일〉은 그 노래를 부른 가수 자체에 대한 관심을 이끌어 내지 못한 채 일종의 원 히트 원더one-hit wonder, 즉 단발성 깜짝 히트곡으로 그칠 수밖에 없었다. 하지만 BTS는 2~3년간의 지속적인 해외 시장 활동을 통해 인기를 밑바닥부터 다져 온 케이스다. 꾸준한 빌보드 200 진입과 지속적인 순위 상승, 유튜브 뮤직비디오 조회 수 증가 추세가 그 증거다. 2017년 이후 본격적으로 가시화된 BTS의 성공과 2018년 두 장의 빌보드 차트 1위 기록 등은 절대로 아무 배경 없이 갑작스레 이루어진 일이 아니다. 그리고 이들의 히트 퍼레이드는 단발성으로 끝나지 않을 것이다.

비록 길게 이어지진 못했지만 싸이의 성공은 분명 후배 케이팝 가수들에게 미국 시장 진입 가능성을 제시하는 선구자적인 역할을 했다. 그리고 BTS는 그러한 성공의 규모와 기간을 더 확대하며 본격적인 '글로벌 가수'로서의 위상을 갖게 된 사례다.

새로운 세대의 리더

"여러분 스스로를 사랑하세요Love Yourself." BTS의 2018년 9월 유엔 총회 연설은 사람들을 놀라게 했다. BTS의 세계적인 위상과 연설의 훌륭한 메시지에 감동한 사람도 많았고, 한편으로는 이들이 얼마나 대단한 존재이기에 유엔에서 전 세계 청년들을 상대로 희망의 메시지를 전달할 수 있는지 궁금해하기도 했다. 비단 케이팝 가수들뿐 아니라 전 세계적으로 젊은 수용자들에게 인기를 얻고 있는 가수들이 굉장히 많은데 그들 중에서 BTS가 유엔 연설 무대에까지 등장할 수 있었던 이유는 무엇일까? 많은 인기 가수들 중에서 이들이 차지하고 있는 위상이 그만큼 특별하기 때문일 것이다.

2018년 10월 세계적인 시사 전문지《타임Time》은 BTS를 인터내셔널 버전의 표지 모델[22]로 싣고 '새로운 세대의 리더New Generation Leader'라고 소개했다. 이 표현은 BTS가 현재 글로벌 팬 사이에서 차지하는 특별한 위상을 반영한다. 사실 표지 모델로 등장하기 몇 달 전 BTS는 리한나Rihanna 등의 글로벌 인기 가수, 세계적인 유튜브 스타 로건 앤드 제이크 폴Logan & Jake Paul 형제 등과 함께 이미《타임》이 선정한 '온라인에서 가장 영향력 있는 25인'으로 선정된 적이 있다.[23]

BTS의 인기를 증명하는 이러한 수상 실적과 기록에는 눈에 띄는 공통점이 있다. 이들이 글로벌 사이버 스페이스 cyber space, 즉 인터넷 세상에서 최고의 인기를 누리며 영향력을 행사하고 있다는 점이다. 가령 BBMA의 '톱 소셜 아티스트' 분야는 실물 음반 및 디지털 음원 판매량과 스트리밍 및 라디오 방송 횟수 같은 음악 산업 내 전통적인 수상 기준과 함께 공연 및 소셜 미디어 참여 지수 등의 데이터, 인터넷을 통한 글로벌 팬 투표를 합산하여 선정된다. 즉 이 분야에서의 2년 연속 수상은 BTS가 인터넷 세상에서 얼마나 인기 있는지를 드러낸다.《타임》에서 이들에게 부여한 '온라인에서 가장 영향력 있는 인물'이라는 타이틀 역시 궤를 같이한다. BTS를

'새로운 세대의 리더'로 부를 수 있는 이유다.

특히 아미ARMY로 불리는 BTS의 글로벌 팬덤은 온라인 세상에서 큰 힘을 발휘하는 존재다. BTS는 각종 소셜 미디어에서 도합 1억 명이 넘는 팔로워를 확보하고 있다. 우리나라 인구수의 두 배에 달하는 엄청난 규모다. BTS의 팬들은 단순히 머릿수만 많은 소극적이고 수동적인 소비자가 아니다. 오히려 이들은 적극적이고 능동적인 활동을 통해 결집한 힘을 바탕으로 온라인뿐 아니라 오프라인, 즉 현실 세계에서도 영향력을 확대하고 있다.

BTS가 빌보드 앨범 차트에서 괄목할 만한 성과를 거두고 미국 주류 미디어에서 크게 다루어지기 시작하자, 국내의 미디어와 전문가들도 앞다퉈 BTS의 성공 원인을 분석하기 시작했다. 분석한 내용들은 대체로 다음과 같다.

① 다른 케이팝 아이돌 그룹과 차별화되는 박력 있는 춤과 화려한 퍼포먼스

케이팝 그룹들의 '군무'와 무대 위에서의 퍼포먼스는 화려하기로 유명하고, 이것이 케이팝을 글로벌 팝 음악과 차별화하는 요소라는 점은 이미 널리 알려져 있다. 하지만 BTS의 퍼포먼스는 다른 케이팝 아이돌 그룹과 비교해도 훨씬 뛰어나고 힘이 넘친다는 것이 팬과 전문가들의 공통된 평가다.

② 유튜브 등 인터넷 미디어를 통한 글로벌 팬덤과의 직접적인 소통

BTS는 유튜브는 물론 브이 라이브V Live 등에 뮤직비디오나 공연 같은 음악 관련 영상뿐 아니라 소소한 일상까지도 자주 올리며 끊임없이 팬들과 직접적으로 소통해 왔다. 이는 국내 팬들과는 달리 물리적인 거리로 인해 BTS를 쉽게 만나기 힘든 글로벌 팬들에게 연결된 느낌을 주고, 친밀감을 형성하는 역할을 한다. 이들이 제공하는 친밀감은 일반적인 글로벌 팝 스타가 주는 닿을 수 없는 별과 같은 이미지와 확실히 차별화되며 BTS를 특별한 존재로 만들었다.

③ 한국어 가사를 비롯한 한국적인 요소의 적극적인 활용을 통한 글로벌 팝 음악과의 차별화

국내 문화 산업에서는 해외 시장, 특히 미국 및 서구 시장에 진입하기 위해 한국적인 색채를 최대한 지우고 글로벌 수용자들의 보편적인 감성에 맞춰야 한다는 이야기를 많이 해왔다. 이것은 매운 고추장 양념이 아닌 간장 양념 기반의 '단짠' 떡볶이를 만들어야 서구 시장에서 성공할 수 있다는 전략과 비슷한 개념이다. 한국어가 아닌 영어로 된 가사를 붙이고 음악은 미국과 유럽 작곡가 및 프로듀서들에게 의뢰하는 식이다. 이 전략을 가장 노골적으로 추구해 온 기획사는 SM이다.

이들은 보아의 미국 시장 진입을 위해 해외 작곡가가 작곡한 곡에 영어로 된 가사를 붙여 앨범을 발매했고, 소녀시대의 미국 시장 진입을 위해 테디 라일리Teddy Riley 같은 유명한 미국 작곡가와 함께 작업한 곡 〈The Boys〉에 영어 가사를 붙여서 공개하는 등 일찍부터 이 전략을 실행해 왔다.

이는 사실 과거 일본의 인기 가수들이 많이 의존했던 전략이다. 한 시대를 풍미했던 일본 가수인 마쓰다 세이코松田聖子, 구보타 도시노부久保田利伸, 우타다 히카루宇多田ヒカル 등은 모두 일본 히트곡이 아닌, 글로벌 수용자들의 취향을 겨냥하여 해외 작곡가들이 만들고 영어 가사를 붙인 노래들을 수록한 해외(미국) 시장용 앨범을 발매한 바 있다. 이에 대해 일본의 문화 연구 학자 이와부치 고이치岩淵功一는 '(지역색이 결여된) 무취의 문화odorless culture를 만드는 것이야말로 일본 (및 동아시아) 문화가 해외 시장에서 성공하기 위해 필요한 전략'이라고 주장하기도 했다.[24]

그러나 BTS는 해외 작곡가에게 곡을 받거나 영어 앨범을 내는 것을 피하고, 오히려 적극적으로 한국어 속어와 유행어, 심지어 한국 전통 음악의 추임새까지 활용하며 한국의 특색을 적극적으로 드러내고 있다. 실제로 소속사 빅히트의 방시혁 대표는 "미국 시장을 타깃으로 미국에 진출해서 영어로 된 노래를 발표하는 부분은 저희가 가고자 하는 것과는 다르다고 생각한다"라고 언급하며 해외 시장 진출을 위해 한국 색을 지우는 것에 대한 거부감을 분명히 드러낸 바 있다.[25] 케이 팝이 해외 팬들, 특히 미국 및 서구 팬들에게 호소력을 가지는 중요한 이유 중 하나가 바로 '일반적인 서구·글로벌 팝 음악과는 다르다'는 점임을 잘 인식하고 있기 때문에 취한 전략이다. 사실 케이팝을 듣는 해외 팬들은 일반적인 서구·글로벌 팝 음악에 대한 일종의 대안 개념으로서 케이팝을 좋아하는 것이므로[26] 한국어 가사나 한국적인 요소는 일반적인 인식과는 달리 오히려 글로벌 시장에서 강점으로 작용하는 경우가 많다.

④ 전자 음악과 힙합이 적절하게 결합된 수준 높은 음악

음악적으로도 BTS는 현재 글로벌 시장의 주요 인기 장르인 전자 댄스 음악EDM과 힙합적인 요소를 적절하게 배합함으로써 팝 음악에 뒤지지 않는 좋은 질감의 음악을 만들어 냈다. 특히 이들이 처음부터 전형적인 케이팝 아이돌 그룹이 아닌 힙합 그룹으로서의 정체성을 지향하며 경력을 시작했다는 점은 매우 중요하다. 그로 인해 BTS는 단순히 기획사에 소속된 작곡가 및 전문 프로듀싱 팀이 만들어 준 곡들에만 의존하지 않고 스스로 노래를 만들고 부르는 싱어송라이터singer-songwriter로 성장할 수 있었고, 이것이 이들을 단순한 틴 팝teen pop 스타

가 아닌 주체적인 실력파 아티스트로 만들어 주었기 때문이다. 존 레전드John Legend, 체인스모커스The Chainsmokers, 스티브 아오키Steve Aoki, 니키 미나즈Nicki Minaj 같은 해외의 인기 실력파 음악인들이 이들에게 꾸준히 협업을 제의하는 이유도 단지 이들의 인기 때문만이 아니라 음악적 실력에 대해 신뢰가 있기 때문이다.

미디어와 전문가들이 분석한 이러한 요소들이 BTS의 전 세계적인 성공에 큰 역할을 했음은 분명하다. 이들은 인터넷 기반의 글로벌 디지털 미디어가 중심이 되는 새로운 환경을 적극적으로 활용하여 직접 소통을 통해 단단한 팬층을 구축했고, 차별화된 음악적 실력과 무대 장악력을 통해 일반적인 음악 팬마저 사로잡았다. 거기에 한국적인 요소를 굳이 제거하지 않고 때로는 오히려 강조함으로써 전형적인 글로벌 팝 음악과는 다른, (서구 팬들의 입장에서는) 이국적이면서도 독자적인 색채의 음악을 만들어 냈다.

필자는 여기에 한 가지를 덧붙이고 싶다. 바로 다른 글로벌 틴 팝 스타들은 물론 정상급 케이팝 아이돌들과도 다른 BTS만의 힘, 바로 이들이 보여 주는 진정성이다.

BTS의 진정성과 아미

사실 진정성은 수치로 계량하여 측정할 수 없는, 어찌 보면 다소 모호하고 추상적인 개념이다. 게다가 대부분의 케이팝 아이돌들은 무대 위에서, TV 버라이어티 쇼와 드라마에서, 브이 라이브 방송에서, 팬 미팅에서 진심을 다해 열심히 임하고 있다. 이 성실함이야말로 해외의 팝 스타들과 비교했을 때, 케이팝 아이돌만이 갖추고 있는 미덕이기도 하다.[27]

흥미로운 점은 국내외 팬들이 공통적으로 강조하는 BTS를 좋아하는 이유가 '다른 케이팝 아이돌 그룹에 비해 진정성과 열정이 강하게 느껴진다'라는 점이다. 해외에서 인기를 얻고 있는 다른 케이팝 아이돌 그룹들, 가령 BTS의 라이벌로 일컬어지는 엑소나 2세대 아이돌 중 가장 성공한 그룹인 빅뱅과 슈퍼주니어, 혹은 현재 국내외에서 가장 인기 있는 여성 아이돌 그룹인 트와이스와 레드벨벳Red Velvet, 블랙핑크 BLACKPINK 등의 팬과는 달리 BTS의 팬들이 유달리 진정성을 강조하는 이유는 무엇일까?

그 이유는 BTS의 글로벌 인기 형성 과정에서부터 찾을 수 있다. 위의 글로벌 인기 그룹들은 모두 3대 기획사 소속으로, 데뷔하기도 전부터 소속사의 강력한 지원을 등에 업고 팬들의 주목을 받았다. 데뷔하는 즉시 커다란 인기를 얻은 후, 그 인기를 바탕으로 해외 시장에도 비교적 빠르게 알려졌다.[28] 그런데 다른 글로벌 인기 그룹들과는 달리, BTS는 중소형 기획사 소속이다. 국내 미디어의 지원도, 이미 확고히 구축되어 있는 소속 기획사 팬덤의 지지와 관심도 얻지 못한 채 출발한 소위 '흙수저 아이돌'인 셈이다. 이렇게 밑바닥부터 출발한 아이돌 그룹이 천천히, 그리고 꾸준하게 팬층을 다져온 끝에 전 세계 최고의 틴 팝 스타가 되었다. 즉, BTS를 세계적인 스타로 만든 것은 대형 기획사의 든든한 지원이 아니라 스스로의 노력과 실력, 그리고 그것을 알아보고 인정한 팬들의 입소문 덕분이었다. 이 점이야말로 다른 아이돌들과 차별화되는 이들만의 진정성 서사를 구축하는 가장 중요한 요소다.

대부분의 아이돌 그룹과는 달리 데뷔 초기부터 유명 작곡가나 프로듀싱 팀에게 곡을 받기보다는 자신들 스스로 만든 곡을 통해 활동하기를 선호했다는 점 역시 BTS의 진정성을 돋보이게 하는 요소다. 국내에서도 그렇지만, 특히 해외에서는 스스로 곡을 만들고 부른다는 것이 독립된 아티스트로서 인정받기 위해 가장 중요한 부분이다. 그 점에서 BTS는 기획사의 관리·통제에서 자유롭지 못한 다른 아이돌 그룹들과는 확실히 달랐다. 의지와는 관계없이 기획사가 선택하여 작업을 의뢰한 작곡가와 프로듀싱 팀에게 수동적으로 곡을 받아 그들의 의도에 충실하게 맞춰서 노래를 부르는 것이 아니라, 하고 싶고 들려주고 싶은 음악을 직접 제작하고 만든다는 점은 분명 진정성의 측면에서 우위에 있다.

많은 이들이 인기 요인으로 지목하는 '직접 소통'에서도 BTS는 진정성 이미지 구축에 성공했다. 물론 BTS뿐 아니라 많은 케이팝 아이돌들도 소셜 미디어와 유튜브, 브이 라이브 등을 활발히 이용해 국내외 팬들과 직접적으로 소통하고 있다. BTS가 이러한 소통을 처음 시도한 것도 아니다. 하지만 BTS는 다른 아이돌들과 비교해서 가장 자주, 가장 많은 개수의 콘텐츠를 지속적으로 올리고 실시간으로 팬들과 만났다. 여기에 BTS를 스타로 만든 것은 대형 기획사의 자본력과 전략 및 미디어의 억지스러운 지원 사격이 아니라, 팬들의 자발적인 선택과 힘이라는 점이 겹쳐지며 이들이 구축한 진정성 서사와 이미지는 더욱 강화되었다.

이로 인해 BTS와 그들의 팬덤 및 소속 기획사와의 관계는 다른 아이돌-팬덤-기획사의 관계와는 조금 다른, 독특한 양상을 띠게 되었다. 일례로, BTS는 BBMA에서 상을 받았을 때건 빌보드 200에서 1위를 했을 때건 항상 '팬 여러분 감사합니다'가 아니라, '아미 여러분 감사합니다'라고 말하곤 했다. 불특정 다수를 가리키는 팬이라는 용어가 아닌 팬클럽인 '아미'를 특정하여 부름으로써 BTS는 '우리의 음반을 사주고, 우리 콘서트에 와주고, 우리가 만드는 콘텐츠를 적극적으로 즐겁게 향유해 주며 우리를 물심양면으로 지원해 주는 바로 너희'를 특별히 생각하고 있음을 드러낸다. BTS의 직접 소통은 단지 유튜브와 소셜 미디어, 브이 라이브를 통해 이루어지기 때문에 직접적인 것이 아니라, 팬들이 '나와 BTS가 직접적으로 커뮤니케이션하고 있다'라는 인식을 갖도록 만들기 때문에 직접적이라고 할 수 있다. 게다가 이러한 관계는 기획사 혹은 미디어를 통해 인위적으로 만들어진 것이 아니라 팬과 BTS 사이에서 자연스럽게 형성된 관계다. 아미에게 직접말을 건네고 그들을 특별히 신경 쓰는 BTS의 모습이 이들의 진정성을 더욱 강화하는 이유다.

이들의 관계는 BTS가 시혜적 위치에 있는, 즉 스타가 팬에게 사랑을 베풀고 팬들은 거기에 감동하는 일방통행식 관계가 아니다. BTS와 아미가 친밀감과 신뢰를 바탕으로 다른 케이팝 아이돌-팬덤 관계보다 더욱 밀접하게 연관되어 있다는 것은 이 관계가 상호적이 될 수밖에 없음을 뜻한다. 가령 BTS의 리더 RM의 믹스테이프 수록곡 〈농담〉, 〈호르몬 전쟁〉 등에 여성 혐오적인 가사가 들어 있다는 논란이 팬덤으로부터 제기되었을 때, BTS와 소속사 빅히트는 이에 대해 재빠르게 공식 사과하고 적극적으로 대응하면서 팬들의 비판에 귀를 기울이겠다고 발표했다.[29] 또한 2018년 9월 일본 프로듀서 아키모토 야스시秋元康와 BTS의 협업 계획 발표에 아미 측에서 '아키모토는 일본 우익 인사이므로 그와의 협업을 반대하며, 만일 협업을 강행할 경우 불매 운동 등의 보이콧도 불사하겠다'는 입장을 공식적으로 밝히고 피드백을 요구한 일 역시 BTS와 아미의 독특한 관계를 잘 드러낸다.[30] 여기에 대해서도 BTS와 빅히트는 발 빠르게 '팬들의 우려를 인지하고 있다'고 공식적으로 밝힌 후, 논의 끝에 결국 아키모토와의 협업을 취소했다.[31]

이에 대해 케이팝 연구자 김정원은 'BTS-아미-빅히트'라는 세 주체가 일종의 삼각관계를 형성하여 서로가 서로를 돕고 지원하는 동시에 감시하는 역할을 한다고 분석했다.[32] 한쪽이 일방적으로 다른 쪽의 우위에 있는 것이 아니라, 힘의 균형을 바탕으로 협업과 견제를 하는 비교적 평등한 관계를 이루고 있다는 것이다. 이는 '기획사의 뜻에 따라야 하는 아이돌 그룹과 그들이 베푸는 팬서비스에 의존하는 팬'이라는 기존 케이팝 산업 구조와 차별화되는 흥미로운 지점이다.

360도 마케팅 ; 모든 것을 콘텐츠로 만들다[33]

BTS가 보여 준 진정성 담긴 직접 소통을 비즈니스 관점에서 분석해 보면, 이들이 가수라는 직업인으로서 수익을 얻기 위해 시장에 내놓는 대표적인 상품인 음악 상품(여기에서 음악 상품은 디지털 음원, 스트리밍, 실물 음반, 뮤직비디오, 공연 등을 모두 아우르는 개념이다) 외에도 사적인 삶 거의 대부분을 콘텐츠화하여 그것을 통해 이미지를 구축하는 작업을 하고 있다고 볼 수 있다. 일종의 브랜딩branding이다.

사실 이러한 브랜딩 작업은 BTS뿐 아니라 최근 케이팝 아이돌과 기획사들의 기본적인 인터넷 미디어 활용 방식이기도 하다. 단순히 뮤직비디오나 공연 영상을 제공하는 것을 떠나 팬들과 실시간으로 직접 소통을 하며 음악 외적인 부분까지도 모두 콘텐츠화하는 것이다. 미국 뉴욕 대학교의 음악 산업 연구자인 캐서린 래드빌Catherine Radbill은 음악 관련 상품뿐 아니라 패션과 사생활 등 자신의 모든 부분을 다양한 미디어를 활용해 노출하고 그것을 또 다른 콘텐츠로 활용하는 최근 음악 산업의 흐름을 '360도 마케팅360-degree marketing'이라는 용어로 표현한다.[34] 가수의 음악적 역량(여기에는 노래나 악기 연주, 춤과 무대 퍼포먼스 등이 모두 포함된다)이라는 특정한 각도만을 보여 주는 것이 아니라, 모든 각도에서 자신을 볼 수 있도록 노출하는 360도 마케팅은 음악인을 넘어 '토털 패키지total package'로서의 종합 연예인을 꿈꾸는 케이팝 아이돌에게는 사실 오래전부터 필수 요소나 다름없었다. 특히 케이팝 시장이 날이 갈수록 세계화되면서 세계 곳곳에 산재되어 있는 해외 팬들에게 효율적으로 접근하기 위한 방식으로 인터넷 미디어를 활용한 360도 마케팅은 점점 더 중요해지고 있다.

3세대 아이돌의 선두 주자라고 할 수 있는 BTS는 이 전략을 적극적으로 활용함과 동시에 거기에 진정성을 더해 성공적으로 글로벌 팬덤을 구축하고, 그렇게 만들어진 글로벌 팬덤의 힘을 바탕으로 자국의 팬층을 더욱 확장한 흥미로운 사례다. 물론 그들의 음악적 역량과 실력이 뛰어나다는 점은 분명하다. 하지만 360도 마케팅 전략을 바탕으로 한 끊임없는 자체 콘텐츠의 제작과 유통 및 그를 통한 노출이 온갖 종류의 다양한 이야깃거리인 속칭 '떡밥'을 제공했고,[35] 그것이 자신들만의 '진정성 가득한 서사'를 만들어 낸 것은 BTS가 인기의 역수입을 이뤄 내는 데에 주효했다고 볼 수 있다. 이 서사에는 다양한 이야기가 담겨 있다. 중소 기획사 소속으로서 대형 기획사의 거대한 힘을 등에 업은 다른 그룹 및 그 팬들과의 경쟁, 굉장한 미남이나 교포 혹은 외국인 멤버는 없지만 능력 있고 의욕적이며 소탈한 한국 청년들의 성장기, 때로는 전형적인 '중2병' 감성처럼 느껴지지만 그만큼 젊은이들의 감수성을 솔직히 담아내기에 그들에게 호소력을 발휘하는 가사를 쓸 수 있다는 이야기 등이다. 진심을 담아 음악 외에도 일상생활까지 모두 팬들과 공유하며 소통하고자 한 BTS의 노력이 없었다면 불가능한 일이다.

소통이라는 이름의 감정 노동

그러나 음원을 통해 전달되는 노래와 춤, 랩 및 무대에서의 퍼포먼스와 같은 나의 '음악적인 자아'뿐 아니라 일상생활에서의 나의 패션과 언행 하나하나가 콘텐츠가 되어 수용자에게 제공된다는 것은, 아이돌 입장에서는 그렇게 달가운 상황일 수만은 없다. 이는 직업인으로서의 아이돌이라는 공적인 영역과 업무를 마치고 퇴근한 후 자연인으로서의 사적인 영역의 구분이 희미해짐을 의미한다. 게다가 케이팝의 세계화가 심화되는 요즘이라면 극단적으로 낮과 밤의 구분 없이 매일 24시간을 아이돌로서 살게 된다는 것을 뜻한다.

특히 케이팝 아이돌에게는 남녀를 불문하고 음악적인 역량 외에 훌륭한 인성, 즉 '팬에 대한 겸손과 헌신, 그리고 팬들의 요구에 응하는 데 거리낌이나 불편함이 없어 보이는 태도'[36]를 지니는 것이 필수적인 요소가 된 지 오래다. 재미있는 것은 이러한 태도가 국내 팬은 물론 글로벌 케이팝 팬들에게도 호소력을 갖는다는 점이다. 케이팝 아이돌의 성실함과 친근감, 우호적인 분위기는 다른 세상에 살고 있는 듯한 거리감을 주는 해외 팝 스타들과 차별화되는 장점으로 자리 잡았다. 언제나 열정적이고 겸손하며 동시에 친근한 이미지를 보여주어야 하는 케이팝 아이돌의 감정 노동[37]은 인터넷 미디어를 통한 직접 소통의 활성화와 케이팝 산업의 세계화로 인해 그 강도가 더욱 세졌다.

BTS가 구축한 진정성은 결국 자신들에게 부과된 감정

노동을 (그것이 스스로의 의지였건 혹은 마케팅적인 필요에 의해서였건) 거의 극한까지 수행한 결과라고 볼 수 있다. 래드빌은 음악 산업에서 소셜 미디어가 차지하는 영향력의 확장은 '글로벌한 차원의 연중무휴 감시 체제global 24/7 surveillance'를 제공했고, 그 결과 팬들은 가수들이 제공하는 전통적인 음악 상품 외에 사생활을 포함한 다양한 종류의 상품과 서비스를 요구하게 되었다고 지적한다. 그런데 역설적으로 이러한 미디어 환경의 변화는 음악 콘텐츠 자체의 매출보다 오히려 비음악 콘텐츠의 매출과 중요성을 더욱 확장했다.[38] 음악 콘텐츠를 많이 팔기 위해 활용된 음악 외적인 것들이 더 잘 팔리는, 한마디로 주객이 전도된 상황이 되어 가고 있는 것이다.

이로 인해 성공적인 아이돌 그룹이 되기 위한 조건도 과거에 비해 굉장히 까다로워졌다. 일단 외모만 수려하면 노래는 조금 못해도 괜찮았던 1세대 아이돌과는 달리 2세대 아이돌은 수준급의 라이브 실력과 '칼군무'라는 음악적 역량, 방송에서의 '예능감'까지 갖춰야 했다. 그리고 2010년대 중반 이후의 3세대 아이돌들은 그 모든 것에 더해서 글로벌 팬덤과 자국 팬들을 모두 만족시킬 수 있는, 감정 노동을 바탕으로 한 좋은 이미지의 사적인 영역까지도 콘텐츠로 만들어 제공하게 되었다. 극단적인 완벽을 요구하는 이러한 경향은 어떻게 보면 대학 입시와 취직 시장에서의 성공을 위해 날이 갈

수록 더 높은 '스펙 쌓기'를 요구받는 현재 우리나라 20대의 상황과도 크게 다르지 않아 보인다.

게다가 이러한 360도 마케팅과 글로벌 연중무휴 감시 체계는 케이팝 아이돌에게 일종의 족쇄로 작용하고 있다. 이들의 음악과 생활은 물론 개인적인 사상과 취향까지도 공유의 대상이 됨과 동시에 주요 소비자들의 입맛에 맞아야 한다는 일종의 강요가 이루어지고 있는 것이다. 'Girls Can Do Anything'이라는 문구가 적힌 휴대폰 케이스를 사용하는 사진을 자신의 소셜 미디어에 올렸다가 엄청난 악플 세례를 받은 후 게시물을 삭제하고 소속사가 해명까지 내놓았던 에이핑크의 손나은, 그리고 소설 《82년생 김지영》을 읽었다고 이야기했다가 남성 팬들에게 뭇매를 맞은 레드벨벳의 아이린이 대표적이다. 소지품 혹은 독서 취향으로 인해 이들은 남성 팬들로부터 페미니스트라고 비난받았으며, 해당 팬들은 '우리에겐 페미니스트 아이돌은 필요 없다. 탈덕하겠다.'며 이들의 사진을 불태우고 음반을 부수는 등의 행위를 소셜 미디어와 각종 온라인 커뮤니티를 통해 공유하며 적극적으로 불만 사항을 표출하고 시정을 요구했다.

이러한 집단행동은 물론 아미가 BTS에게 끼치는 영향력, 방향성과는 다르지만, 본질 자체는 크게 다르지 않다고 할수 있다. 변화된 음악 산업의 환경 속에서 이제 아이돌들은 원하든 원하지 않든 거의 반강제적으로 다양한 측면을 지속적으로 모두 보여 줘야 하는 상황에 처해 있고, 이는 팬들에 의한 또 다른 감시와 통제로 기능하게 된다. 모두가 BTS처럼 즐겁게 거의 모든 모습을 보여 주며 팬들과 진정성 담긴 직접 소통을 할 수는 없는 노릇이기 때문이다. 이것이 아무리 자기 스스로가 택한 아이돌이라는 직업인으로서 갖춰야 하는 미덕일지라도, 분명 누군가에게는 엄청난 압박감과 스트레스를 동반하는 가혹한 일이 될 것이다.

한국 아이돌 스타와 글로벌 팝 스타 사이

BTS가 전 세계 시장에서 성공한 후로 많은 이들이 '제2의 BTS', 즉 'BTS만큼 세계 시장에서 스타가 될 수 있는 케이팝 그룹이 또 나올 것인가', 혹은 '이제 케이팝이 동아시아를 넘어 세계 시장에서 확실하게 자리 잡았는가' 등에 대해 이야기해 왔다. 당장 블랙핑크가 유튜브 및 소셜 미디어상의 글로벌한 인기를 바탕으로 '제2의 BTS'로 불리고 있으며,[39] 그 외에도 많은 가수들이 BTS의 성공을 재현할 수 있는 유망주로 언급되기도 한다.

하지만 정작 업계에서는 '제2의 BTS'가 등장할 가능성에 대해 비교적 조심스러운 반응을 보이고 있다. 실제로 필자가 인터뷰했던 대형·중소형 케이팝 기획사 관계자들은 'BTS

의 미국 시장 진입은 영미에는 없던 방식으로 만들어졌다는 신선함을 통해 틈새시장 공략에 성공한 것일 뿐, 케이팝 시스템 자체의 효율성을 증명하는 것은 아니다'라고 선을 긋는 경우가 많았다. 더불어 이들은 '미주 및 유럽 지역 시장 진입을 위해 투자해야 하는 시간과 비용, 수고를 들이면 이미 팬이 많고 구매력 확실한 일본에서 더 많은 공연을 할 수 있고, 수익 면에서도 이쪽이 훨씬 낫다'며 현실적인 부분을 언급하기도 했다. 동아시아 바깥 시장은 투자 대비 수익의 측면에서 손해가 많이 나는 비효율적인 시장이므로 업계 차원에서 적극적으로 시장 진입을 위해 노력하기는 여전히 어렵다는 것이다.

심지어 'BTS를 케이팝 그룹의 범주에 넣는 것이 타당한가'와 같은 근본적인 질문을 던지는 사람도 있다. BTS가 전형적인 케이팝 그룹과는 다른 예외적인 존재로서 글로벌한 성공을 거두었으므로, BTS의 성공을 케이팝의 성공으로 간주할 수 없다는 의미다. 대중음악 비평가이자 아이돌 산업 전문가인 미묘《아이돌로지》편집장은 '해외 팬들은 예쁘고 화려한 군무를 앞세운 케이팝을 좋아하면서도 그런 수준의 퍼포먼스를 보여 주기 위해 어린 시절부터 혹사당하는 등의 인권 문제가 존재함을 알고 나서는 거부감을 느끼는 경우가 많다'고 지적하며, '반면 BTS는 그것을 뒤집은 팀이고, 따라서 케이팝 그룹이라기보다는 오히려 케이팝의 안티테제(반례)에 가깝다'고 주장한다.[40] BTS와 빅히트 엔터테인먼트는 일반적인 케이팝 기획사-아이돌과는 반대 방향으로 움직였고, 그 점이야말로 과거 다양한 그룹들을 좋아했던 해외 케이팝 팬들을 모두 팬으로 흡수할 수 있었던 원동력이라는 것이다.

물론 BTS는 케이팝 특유의 기획사 시스템하의 아이돌 그룹으로 경력을 시작했다. 1세대 케이팝 아이돌이 개척하고 2세대 아이돌과 싸이 등이 활약해 자리 잡은 케이팝 세계화의 성과가 없었다면 지금과 같은 글로벌 스타가 되지 못했을 것이다. 하지만 이들이 어느 순간부터 일반적인 케이팝 아이돌 스타의 테두리를 넘어선 것도 사실이다. 히트곡 〈IDOL〉의 가사를 통해 스스로 외친 것처럼,[41] 사람들이 그들을 아이돌로 부르건, 다른 무엇으로 부르건 BTS는 이제 케이팝이라는 범위에 얽매이지 않는 자유로운 존재가 되고 있다.

그렇다고 해서 BTS가 정말로 마냥 자유로운 것만은 아니다. 이들이 케이팝의 테두리를 넘어선 것은 사실일지 모르지만, BTS에 대해 이야기할 때 케이팝의 케이k를 떼어 버리고 단순한 팝 스타로 취급하는 것은 여전히 불가능하기 때문이다. 앞서 언급했던 아키모토와의 협업 취소는 팬들의 영향력이 커진 새로운 삼각관계와 함께 BTS가 케이팝, 곧 한국의 Korean 음악 그룹이라는 국적성에서 전혀 자유로울 수 없음을 극명히 보여 주는 사례이기도 하다. 이는 〈프로듀스 48〉을 통해 결성된 한일 합작 프로젝트 그룹 '아이즈원IZ*ONE'의 일본인 멤버들이 아키모토가 기획한 아이돌 그룹 AKB48 소속이며 일본에서 아키모토가 프로듀싱한 곡으로 활동하고 있음에도 별다른 잡음이 나오지 않는 것과는 매우 대조적이다. BTS가 국내외에서 케이팝을 대표하는 최고의 그룹으로 인식되고 있기 때문에 한국 그룹으로서의 그들의 국적 정체성을 분명히 할 것에 대한 국내 팬들의 요구가 더 강해지고, 그 결과 역설적으로 BTS의 국가 정체성이 더욱 확고해지는 것이다.

또한 민요의 추임새가 가사에 들어가고 뮤직비디오 속에서 한국의 전통적인 이미지들이 묘사되는 싱글 〈IDOL〉에서 확인할 수 있는 것처럼, BTS 및 빅히트 스스로가 인기 비결이 글로벌한 보편성과 공존하는 (해외 팬들이 보기에는 이국적인) 한국적 요소임을 인지하고 있다. 이러한 상황에서 이들이 '케이'로부터 완벽히 자유로운 존재가 되기는 불가능에 가깝다.

BTS를 세계적인 스타로 만들어 준 그들의 진정성 역시 케이팝 아이돌들이 일반적으로 갖추고 있는 (혹은 갖춰야 하는) 이미지인 성실함과 팬들에 대한 친절함 및 자상함, 쉽게 접근 가능한 친근함 등 지극히 케이팝적인 가치를 극단까지 추구한 결과 얻어 낸 특성이다. 이는 BTS의 장점인 동시에 한계가 될 수밖에 없다. 팬들과 꾸준히 소통하며 그들의 의견을 적극적으로 반영해 실천에 옮기고, 때로는 뜻도 굽히는 것은 팬과 가수, 기획사의 관계를 좀 더 새롭고 평등한 것으로 만들었지만 아티스트로서 자유롭게 자신의 창작력을 펼치는 데에는 족쇄가 될 수도 있기 때문이다. 거기에 거의 모든 것을 팬들과 공유하고 콘텐츠화하는 것은 엄청난 스트레스와 행동의 제약을 가져온다.

BTS는 케이팝 산업 구조에서 탄생해 미국을 중심으로 한 해외 시장을 적극적으로 겨냥함으로써 소형 기획사 소속이라는 한계를 딛고 케이팝이라는 테두리를 넘어 글로벌 팝 스타로 자리매김하는 데 성공했다. 여기에는 퍼포먼스를 포함한 이들의 음악적인 실력이 뒷받침된 것은 물론, 일상생활의 소소한 부분과 성실함 및 사회 문제에 대한 의식 있는 태도 등 음악 외적인 자아까지 적극적으로 콘텐츠화하여 진정성 있게 팬들에게 제공한 것이 매우 주효했다. 그러나 아무리 케이팝의 테두리를 벗어났다고 해도 이들이 케이팝 산업 구조에 여전히 묶여 있을 수밖에 없다는 점은 초국가주의 transnationalism를 지향하지만 국가주의nationalism로부터 자유로울 수 없는 케이팝의 특성에서 기인한 것이다.

북저널리즘이 노션의 공동 창업자이자 CEO인 이반 자오(Ivan Zhao)를 인 터뷰했다.

3

노션 ; 모두를 위한
하나의 도구

타자기와 캐비닛의 통합

지금 윈도우 작업 표시줄이나 맥 독Dock을 살펴보자. 크롬, 지메일, 카카오톡, 구글 문서, 파일 폴더 등 열 개가 넘는 탭과 앱이 열려 있을 것이다. 작업 도구가 세분화되면서 연장을 고르는 것 자체가 일이 되어 버렸다. 참고할 이미지는 핀터레스트로 고정하고, 다시 읽을 기사는 에버노트에 스크랩한다. 드롭박스로 파일을 관리하고 슬랙으로 메시지를 교환한다. 일정은 구글 캘린더에 담고, 팀 프로젝트는 구글 문서로 작업한다. 너무 많은 서비스를 이용하다 보니, 뭐가 어디에 있는지를 따로 적어 둬야 할 판이다. 클라우드가 우리를 구원할 것 같았지만 아무리 치워도 금세 어질러지는 책상처럼 작업 환경에는 다시 무질서가 찾아왔다.

미국 샌프란시스코의 스타트업 노션Notion은 모든 업무 도구를 하나로 통합하고자 한다. 공동 창업자이자 CEO인 이반 자오Ivan Zhao는 디지털 혁명을 거치면서 사무 공간의 모습이 크게 달라진 것 같지만, 따지고 보면 '레거시 시스템의 디지털 버전'에 불과하다고 말한다. 구글 문서는 현대판 타자기이고, 드롭박스는 휴대용 캐비닛과 다름없다는 지적이다. 노션은 1970년대 초기 컴퓨터 시대의 개척자들이 꿈꾸었던 통합된 하나의 도구를 지향한다. 코딩을 몰라도 웹페이지를 만들 수 있고, 드래그 앤드 드롭drag and drop을 통해 다양한 기능을 레고 블록처럼 쉽게 가져다 쓸 수 있다. 메모 작성부터 할 일 목록 정리, 문서 공유, 회계, 결재까지 모든 작업을 프로그램 하나로 끝낼 수 있다.

2016년 3월 첫선을 보인 노션 1.0은 에버노트처럼 노트 기능을 제공하는 서비스였다. 당시에도 열성적인 이용자들이 있었지만 지금과 같은 '르네상스 앱'은 아니었다. 2018년 3월 2.0 버전이 나오면서 비로소 모든 도구를 통합하겠다는 미션에 가까워졌다. 2.0 버전은 출시되자마자 프로덕트 헌트(Product Hunt, 앱 서비스 리뷰 커뮤니티)에서 '이달의 인기 앱' 최상위에 올랐다. 이후 《월스트리트저널wsj》이 "일과 삶의 생산성을 위해 필요한 유일한 앱"[42]이라고 소개하며 가입자가 폭증했다.

2019년 2월에는 우버의 초기 투자사로 잘 알려진 퍼스트라운드 캐피털First Round Capital의 창업자 조쉬 코펠만Josh Kopelman이 트위터에 올린 글이 회자되면서 '투자 안 받기로 유명한 스타트업'으로 다시 화제에 올랐다. 코펠만은 트위터에 자신의 하루 일과를 적었다. ①이반 자오와 노션 팀을 소개해 달라는 VC들의 연락을 받고, ②이반 자오에게 메시지를 전달하면, ③이반 자오가 "지금은 VC에 집중할 때가 아니니 정중히 거절해 달라"고 답하고, ④다음 날이 되면 새로운 VC들과 또다시 ①~③을 반복한다는 것이다.

노션 이용자 수는 400만 명에 달하는 것으로 알려져 있다.[43] 국내에서도 별다른 마케팅 없이 입소문만으로 빠르게 세를 불리고 있다. 2019년 7월에는 8억 달러(9600억 원)의 기업 가치를 평가받으며 1000만 달러(120억 원)의 자금을 유치했다.[44] 놀라운 것은 이것이 '엔젤 라운드'였다는 것이다. 기업 가치는 당시 상장한 SaaS[45] 기업인 슬랙(시가 총액 172억 달러)과 줌(시가 총액 278억 달러)을 참고해 책정되었다. 2020년 4월에는 5000만 달러(600억 원) 규모의 두 번째 투자를 유치하며 20억 달러(2조 4000억 원)의 기업 가치를 평가받았다.[46] 두 번의 투자로 유니콘 기업에 등극한 노션에는 어떤 스토리가 있을까. 이반 자오 CEO를 인터뷰했다.[47]

포스트 파일, 포스트 MS 오피스

노션을 한 문장으로 설명해 달라.

노션은 필수 업무 도구들을 하나의 작업 공간에 통합해 서로 보완하고 강화할 수 있는 올인원all-in-one 생산성 앱이다.

스물일곱 살이던 2014년에 노션을 창업했다. 창업 초기의 이야기를 듣고 싶다.

캐나다 브리티시컬럼비아 대학을 졸업한 뒤 학창 시절을 떠올려 봤다. 대학에 다니던 동안 친구들의 앱이나 웹사이트를 정말 많이 만들어 줬다. 친구들은 내가 디자인과 개발에 지식을 갖고 있는 데 주목했지만, 나는 훌륭한 아이디어를 가진 사람들이 그런 기술이 없다는 데 주목했다. 나는 코딩을 할 줄 모르는 사람들도 스스로 컴퓨팅 도구와 자원을 만들 수 있어야 한다는 확신을 갖고 있었다. 창업 자금 마련은 어머니의 도움을 많이 받았다. 이후 시드 라운드를 거치면서 자금을 모았다. 창업 초기에는 코딩 없이 앱을 만들 수 있는 제품을 개발했는데, 이후 사람들이 데이터베이스 관리나 문서 작성처럼 일상적인 작업을 돕는 유연한 도구를 더 원한다는 사실을 발견하고 노션을 만들었다.

코드를 사용하지 않는non-code 소프트웨어가 왜 필요한가?

나는 지구상의 모든 사람들이 자신만의 소프트웨어를 만들고 수정할 수 있어야 한다고 생각한다. 인류의 모든 도구가 작동하는 방식이기도 하다.

제품명을 노션으로 지은 이유가 궁금하다.

노션이라는 단어는 무언가에 대한 개념이나 믿음을 의미한다. 나는 모든 사람들이 각자 일하고 싶은 방식, 또는 도구가 작동해야 하는 방식에 대한 믿음이나 개념을 가지고 있다고 생각한다. 그래서 우리의 소프트웨어 노션은 사람들이 하고 싶은 대로, 다시 말해 그들의 두뇌가 작동하는 방식대로 일하도록 돕는다. 도구는 뇌가 작동하는 방식을 모방해야 한다. 그런데 모든 사람들이 다르게 생각하고 다르게 일하기 때문에 유연한 도구가 필요하다.

창업 전에는 어떤 일을 했나?

나는 잉클링(Inkling, 샌프란시스코의 모바일 학습 플랫폼 기업)에서 디자이너로 일했다. 공동 창업자인 사이먼 라스트Simon Last는 노션이 첫 회사다.

노션의 제품 변천사를 알려 달라.

노션은 이제 3년 정도 된 서비스다. 2016년에 노트 기능을 담은 노션 1.0 버전을 론칭했다. 2018년 3월에는 데이터베이스들을 통합한 2.0 버전을 출시했다. 출시 직후 WSJ에서 노션을 "일과 삶의 생산성을 위해 필요한 유일한 앱"이라고 소개하면서 변곡점을 맞게 됐다.

수많은 생산성 도구를 하나로 통합하겠다는 아이디어는 근사하지만, 거꾸로 말하면 그만큼 경쟁자가 많다는 뜻이다.

현재는 과거로부터 온다. 생산성 도구는 MS 오피스에서부터 시작됐다. 그런데 1990년대 중반 MS의 독점이 깨지면서 오늘날 수많은 SaaS 제품이 만들어졌다. MS 오피스라는 하나의 제품에서 너무 많은 SaaS 제품들로 옮겨 가고 있다. 기업 입장에서는 비용이 많이 들고, 직원 입장에서는 하루 종일 수많은 앱과 탭 사이를 오가야 한다. 이런 현재의 흐름이 통합된 무언가를 향해 되돌아가고 있다고 생각한다.

포스트 MS 오피스가 되겠다는 것인가. 정말 거대한 미션이다.

큰 회사들은 여러 가지 이유로 효율성을 추구하기 어렵다. 오히려 작은 팀에게 기회가 있다. 사실 노션의 바탕이 되는 생각들은 거대 사업자들의 구상과 명백히 다르다. MS 오피스는 워드, 엑셀, 파워포인트 같은 서로 다른 생산성의 개념들을 상호 작용 없이 하나로 묶었다. 그러나 노션은 필수적인 작업 도구들을 진정으로 통합된 방식으로 결합한다. 생산성을 높이기 위해 서로 보완하고 강화하는 것이다. 예를 들어 노션의 데이터베이스에는 정보를 추가할 수 있는 페이지가 있다. 엑셀의 모든 행마다 더 많은 정보를 계층화할 수 있는 워드 페이지가 들어가 있고, 그 페이지에 또 더 많은 워드 페이지가 들어가 있는 모습을 상상해 봐라. 바로 우리가 하고 있는 일이다.

에버노트, 드롭박스, 슬랙 등 다른 업무 도구와는 어떻게 다른가?

핵심적인 차별화 요소는 노션만이 유일한 올인원 앱이라는 것이다. 우리는 칸반 보드(Kanban board, 업무 단계를 시각적으로 표현하는 보드), 문서, 데이터베이스, 제품 관리, 위키(Wiki, 공동 문서 모음) 같은 다양한 SaaS 앱의 기능들을 우아하고 간단한 인터페이스로 결합해 제공한다.

기능 통합이 필요한 이유는 뭔가?

팀원들이 팀 업무를 더 쉽게 찾고 파악할 수 있게 된다. 팀의 투명성과 정보의 흐름을 증대할 수 있다. 너무 많은 툴을 이용하는 팀에게는 정보 격차가 나타난다. 생산성을 높이고 건강한 문화를 키우기 위해서는 모든 구성원이 무엇을 하고 있으며, 그 일이 왜 중요한지에 대해 소통하고 이해할 수 있어야 한다. 노션은 팀이 작업하고 있는 모든 일에 대해 새로운 시각을 제공하고, 원한다면 언제든 세부적인 내용까지도 파고들 수 있도록 한다.

유연한 제품, 급격한 성장

2014년 창업 직후에는 코딩을 몰라도 앱을 만들 수 있는 서비스를 개발했다. 그러다가 2015년에 현재 서비스로 피버팅(pivoting, 사업 방향 전환)을 했다. 피버팅을 하게 된 결정적인 계기는 무엇이었나?

2015년에 사이먼과 나는 코드를 쓰지 않고 앱을 만드는 도구를 개발했지만 기술 스택에 문제가 있어서 시스템이 자주 충돌했다. 자금이 거의 소진되면서 네 명의 팀을 해체하고 기존 제품을 폐기하는 힘든 선택을 내려야 했다. 이후 샌프란시스코의 사무실을 처분하고 일본 교토로 갔다. 그곳에서 제품을 처음부터 다시 만들기 시작했다. 뭔가 더 나은 것을 찾아야 했다.

왜 하필 교토였나?

우리를 진정시킬 수 있는 장소가 필요했다. 여러 가지 요구들과 산만함으로부터 멀리 떨어져 있고, 편안하고, 코딩에만 집중할 수 있는 곳으로 가고 싶었다. 교토는 아름다웠다. 특히 어디에서나 자전거를 탈 수 있어서 무척 좋았다. 나이트 라이프나 정신을 빼앗는 일이 많지 않았기 때문에 사이먼과 나는 아주 편안한 분위기에서, 정신이 분산되지 않는 아름다운 환경에서 오랫동안 코딩에 집중할 수 있었다.

교토에서 1년여를 보낸 뒤 샌프란시스코로 돌아와 2016년 3월 노션 1.0을 출시했다. 당시만 해도 노션은 에버노트 같은 노트 앱이었다.

문서나 메모 작성 외의 기능은 없었지만, 얼리어답터들의 열광적인 반응을 이끌어 냈다. 프로덕트 헌트에 들어가 보면 당시 우리 제품에 대한 반응을 확인할 수 있다. 더 많은 것들을 하고 싶었지만, 우선 노트에 열광하는 사람들에게 전념할 수밖에 없었다.

마침내 2018년 3월 노션 2.0을 출시하면서부터 본격적으로 입소문을 타기 시작했다. 1.0과 2.0은 무엇이 달랐나?

2.0 버전부터 데이터베이스 체계를 도입했다. 아주 중요한 변화였다. 그 전까지는 구조화되지 않은 데이터만 취급했는데, 데이터베이스를 구조화하면서 새로운 길을 열게 됐다. 이제 표와 게시판, 목록, 캘린더, 갤러리에 데이터를 넣어 다양한 문제를 해결할 수 있다. 노션에서 여러 계층의 작업을 만들면 모든 사람들이 팀 차원에서 최상위 수준의 작업을 확인하고, 가장 세부적인 차원에서 개별 작업들을 자세히 파악할 수 있다. 부서별로 태그를 지정하고, 특정인에게 할당하고, 데드라인도 지정할 수 있다. 아주 유연하게 설계된 도구들이어서 이용자가 원하는 대로 사용할 수 있다. 우리 제품과 이용자들이 정말 잘 맞는다고 생각한다. 많은 사람들이 이 도구들을 이용해 새롭고 유연한 기능을 만드는 것을 목격했다.

2.0 버전을 출시한 이후 정말 빠르게 성장해 왔다. 고속 성장의 비결이 뭐라고 생각하나?

이게 비결인지는 잘 모르겠다. 우리는 마케팅이나 세일즈에 그렇게 많은 투자를 하지 않았다. 사실 거의 제로에 가깝다. 결국 비결이라면 사람들이 사랑하고 입에서 입을 통해 많은 이들과 나누고 싶어 하는 제품을 만든 것이다. 이것이 지금까지 우리가 성장해 온 과정이다.

현재의 성과가 있기까지 가장 잘한 결정과 잘못한 결정은 무엇이었나?

가장 잘한 결정은 제품을 처음부터 다시 만드는 것에 대해 매우 깊이 생각하고, 사람들이 사랑하고 원하는 것이 무엇인지 신중하게 생각했다는 것이다. 우리는 커뮤니티를 통해 전달되는 메시지들을 제품의 로드맵에 지속적으로 반영해 왔다. 가장 잘못된 결정은 초기의 기술 선택인데, 그로 인해 시스템이 불안정했다. 자칫하면 지금의 규모에까지 이르지 못했을 수도 있었다.

제품의 성공을 처음 느낀 것은 언제인가?

솔직히 나는 그런 성공에 너무 얽매이지 않으려고 노력한다. WSJ의 기사를 계기로 우리 제품에 열광하는 많은 사람들을 보는 것은 좋았지만, 감동한 사람들을 계속해서 놀라게 하고 기쁘게 해야 하니까.

이용자군은 어떻게 되나? 한국에서는 스타트업에 종사하는 사람들이 많이 사용한다.

모든 유형의 사람들이 노션을 사용한다. 그래서 예측하기가 어렵다. 디자이너와 개발자 커뮤니티에서 특히 반응이 뜨겁지만, 동시에 여러 분야의 사람들이 개인적인 메모와 생산성 도구로 사용하고 있기 때문에 이용자의 유형을 특정할 수 없다.

가장 중점적으로 관리하는 지표나 영역이 있다면.

현재는 기업 고객들의 요구에 적절히 대응하고 있는지를 면밀히 살피고 있다.

작고 빠른 팀

팀 구성은 어떻게 되나?

23명으로 이뤄져 있다. 디자인, 엔지니어링, 마케팅, 영업, 커뮤니티 지원 업무로 나뉘는데, 팀원 대부분이 커뮤니티 지원

부문에서 일한다. 우리는 모든 이용자들의 요구를 충족시키고, 그들의 기대에 부응하는 것을 정말 진지하게 생각한다. 이제까지는 다양한 이용자층에게 그들의 시급한 문제와 도전을 노선을 통해 해결할 수 있다는 것을 거의 보여 주지 않았는데, 얼마 전부터 마케팅 활동을 시작했다. 또한 우리 팀은 사려 깊은 새 기능들을 디자인하는 데 최적화되어 있다.

현재 팀원이 23명이라고? 이용자 수에 비해 팀 규모가 매우 작다. 매일 엄청난 양의 피드백이 쏟아질 텐데, 그 인원으로 감당이 되나?

그동안 커뮤니티 지원에 가장 많은 투자를 해왔다. 고객층이 넓어져도 고객 서비스의 만족도를 계속해서 높이 유지하기 위해서였다. 우리는 더 적은 팀원으로도 성공적인 SaaS 기업을 만들 수 있다고 믿는다. 《모비 딕》은 허먼 멜빌 한 사람이 썼다. 여러 명이 함께 작업했다면 오히려 더 오랜 시간이 걸렸을 것이다. 소프트웨어도 마찬가지다.

조직 문화는 어떠한가?

우리는 디자인 중심의 조직이다. 우리가 제공하는 모든 것에 대해 믿을 수 없을 정도로 높은 기준을 가지고 있다. 또한 의사소통에 소비하는 시간을 최소화하고 실행 속도를 최대화하기 위해 팀을 린lean하게 유지하려 한다.

팀원들은 어떤 사람들인가?

팀원 모두가 예술과 음악, 디자인에 다양한 관심을 갖고 있다. 일상 업무에 영감을 주는 창조적인 분야에 믿기 어려울 정도로 지적인 호기심이 많다. 낮에는 소프트 재즈를 틀어 놓고 일하는 조용하고 집중력 있는 팀이지만, 재미있는 사람들이기도 하다. 매일 함께 점심을 먹고, 때로 커피와 과일을 부려 놓고 함께 영화를 보며 밤을 보내기도 한다. 골든두들(골든 레트리버와 푸들의 믹스 품종) 몇 마리와 함께 생활하고 있다.

요즘 팀 전체가 가장 집중하고 있는 것은 무엇인가?

기업 고객의 요구를 제대로 만족시키고 있는지에 집중하고 있다. 지식 관리와 프로젝트 관리는 물론이고 오프라인 작업과 성과에 있어서도 최고의 솔루션이 되고 싶다. 이런 목표를 달성하기 위해 여러 가지 기능들을 준비하고 있다.

노선을 보면 드롭박스나 슬랙처럼 크게 성공한 소프트웨어 회사들의 초기 모습이 떠오른다. 빠르게 성장하는 과정에서 놓쳤던 부분이나 미처 몰랐던 부분이 있다면 알려 달라. 한국의 스타트업들에게 큰 도움이 될 것 같다.

우리는 많은 것들을 알지 못했다. 이용자들이 왜 그런 방식으로 반응하는지, 우리에게 무엇을 원하는지, 무엇이 이용자의 마음을 움직이게 하는지, 어떻게 해야 얼리어답터와 최신 기술에 정통한 이용자들 너머 일반 이용자들에게까지 닿을 수 있는지 알지 못했다. 그래서 우리는 신속하게 실험하고 가능한 한 모든 것을 다 해보고 있다. 이용자에 대해 배우고, 해답을 더 빨리 얻기 위해서다. 이용자에 대한 초자연적인 직관을 가지고 하는 일이 아니다.

놀랄 만큼 높은 기준의 디자인

디자이너가 창업하는 사례가 흔하지는 않다. 디자이너로서의 정체성이 비즈니스에 어떤 도움이 됐나?

디자인이 기업을 주도하는 경우가 점점 늘고 있다. 에어비앤

비가 대표적이다. 나는 디자이너로서의 내 정체성이 꽤 설득력 있는 방법으로 기존의 제품들과 외관상 다르게 보이고 다르게 작동하는 제품을 만드는 데 도움이 되었다고 생각한다.

노션의 디자인 원칙은 무엇인가?

놀랄 만큼 높은 기준을 세우는 것이다. 밖으로 내보내는 모든 것에 이 기준을 적용한다. 사용자가 원하는 모든 작업들에서 가장 우아하고 직관적인 솔루션과 프로세스를 설계해야 한다.

노션은 다른 제품들에 비해 디자인이 탁월하다. 특별한 비결이나 작업 방식이 있다면.

완벽한 디자인이란 없다. 결국 모든 작업에 있어서 변화를 만드는 데 투입되는 시간과 에너지로 귀결된다. 특정 문제에 가장 좋은 해법을 찾기 위해서는 해법의 순열(과거 버전을 조금씩 바꿔 가며 누적하여 발전하는 방식)을 많이 만들어야 한다. 또한 우리는 독특하고 주목할 만한 일을 해낸 경력이 있는 매우 재능 있는 사람들을 고용한다. 그리고 그들에게 표준 밖의 질문들에 대한 답을 찾으라고 요구한다.

표준 밖의 질문이란 무엇인가?

다른 사람들이 이미 해놓은 것을 카피하고 수정하는 방식으로 접근하는 것이 아니라, 한 걸음 물러서서 근본적인 해결책을 찾는 것이다. 제1원리 사고법[48]을 이용해야 한다.

UX에서 가장 중점을 두는 부분은 어디인가?

만들고, 공유하고, 협업하는 것이다. 우리는 이 핵심 기능을 직관적이고 단순하고 즐겁게 만드는 데 초점을 맞추고 있다.

UX가 탁월하다고 생각하는 다른 제품이나 서비스가 있다면.

우리 팀은 디자인 도구 피그마Figma의 열렬한 팬이다. 피그마는 디자인 프로세스가 협력적으로 이뤄지도록 고안되었는데, 그 점이 정말 좋다. 노션을 만드는 데 필수적인 프로그램이다.

디자인 톤이 정적이다. 흰색과 검은색 위주로 사용해서, 언뜻 보면 동양화 같기도 하다.

우리는 우리 브랜드가 우아한 미니멀리즘을 넌지시 풍기는 것을 좋아하지만, 제품 자체에서 느껴지는 친근하고 따스한 분위기도 좋아한다. 우리 일러스트레이션은 이런 기조에서 그려졌다.

일러스트에서 일본풍이 느껴진다. 교토 생활과 관련이 있는 것인가?

하하. 글쎄, 잘 모르겠다. 꼭 그렇다고 말할 수는 없지만, 교토에서 어느 정도 영향을 받았으리라 생각한다.

노션은 디자인 회사인가, 기술 회사인가?

둘 다. 우리는 디자인이 주도하고 있기는 하지만, 세상 어디에도 없는 기술을 만들고 있는 유일무이한 회사다. 지금 다른 어떤 회사도 올인원의 관점에서 생산성에 접근하고 있지 않다.

생각하고 창조하고 즐길 수 있는 도구

한동안 투자를 마다하는 스타트업으로 유명세를 탔다. 더 많은 투자를 받아야 더 빨리 성장하는 것 아닌가? 기

존 스타트업들의 성공 방식과는 다른 길을 가고 있다.

그동안은 수익성이 있었기 때문에 굳이 투자를 받을 필요가 없었다. 수익이 빠르게 늘어서 원하는 만큼 빠르게 성장해 왔다.

현재 노션의 모습은 최초의 구상과 얼마나 비슷한가?

나는 항상 코딩 기술이 없는 사람들이 컴퓨팅 능력을 사용할 수 있도록 한다는 비전을 가지고 있었다. 그런 점에서 보자면 최초 구상과 지금 모습이 별로 다르지 않은 것 같다.

노션의 궁극적인 목표는 무엇인가? 구글 문서나 드롭박스, 에버노트를 대체하는 것인가?

우리는 다른 무언가를 대체하려는 것이 아니다. 사람들이 무수히 많은 탭과 앱을 거치지 않고도 그들의 가장 중요한 작업과 과제를 성취할 수 있는 올인원 작업 공간을 제공하고자 한다. 사람들이 명백하게 생각하고, 창조적으로 사고하고, 동시에 즐길 수 있는 공간을 만들고 싶다. 현재는 극소수의 사람들만 소프트웨어를 만들고 수정할 수 있다. 더 많은 사람들이 각자 필요한 소프트웨어를 직접 만들고 쓸 수 있어야 한다.

> 노션을 팀 업무 공유나 협업 툴로 개발했지만, 일기 쓰기나 일정 관리 등 개인적인 용도로 사용하는 사람도 많다. 개발 의도대로 사용하지 않는 것에 대해 어떻게 생각하나?

우리 제품에 뚜렷한 의도는 없다. 사람들이 사용하고 싶은 대로 사용되기를 바랄 뿐이다. 그래서 노션이 유연하다고 하는 것이다. 종이에 간편하게 글을 쓰듯 노션을 사용할 수도 있고, 정교한 관계형 데이터베이스(자료들이 다중 연결된 데이터베이스)처럼 복잡하게 사용할 수도 있다. 어떤 경우도 잘못된 것은 없다.

> 마지막으로 한국의 이용자들에게 전하고 싶은 메시지가 있다면. 한국에는 노션의 팬이 정말 많다.

한국에서 보내 주는 성원에 정말, 완전히 흥분하고 있다. 와우! 솔직히 날마다 어안이 벙벙할 지경이다. 한국 이용자들을 위해 더 많은 일을 하고 싶다. 피드백도 늘 열려 있다. 응원해 줘서 정말 고맙다.

허남웅은《씨네21》,〈예스24〉 등의 매체에 영화 관련 글을 기고하며 영화 평론가로 활동하고 있다. 교보문고 팟캐스트 〈낭만서점〉에 출연 중이다. 영화 영역에만 머물지 않고 문화 전반에 걸친 글쓰기와 말하기에 매진하고 있다.

신흥 호러 명가, 블룸하우스

2017년 5월, 영화 〈겟 아웃Get Out〉의 30초짜리 예고편 영상이
국내에 공개됐다. 공포물이 대중적으로 인기를 끄는 장르가
아닌 데다가, 공포물 수요가 상대적으로 높아지는 여름 시즌
도 아니었지만 반응은 폭발적이었다. 한 시간 만에 3000개
이상의 댓글이 달렸고, 영상의 누적 조회 수는 6일 만에 1000
만 회를 돌파했다. 네티즌들은 공포 장르를 표방하면서도 미
국의 심각한 사회 문제인 인종 차별 문제를 조명한다는 점에
큰 관심을 보였다. 특히 강성 보수 성향의 도널드 트럼프Donald
Trump 미국 대통령이 취임한 직후여서 영화 내용은 시사적으
로 해석됐다. 오락물인 동시에 미국 사회의 집단 공포를 반영
한다는 점이 공포 영화의 열성 팬은 물론 일반 관객까지 사로
잡았다.

　　〈겟 아웃〉은 국내 관객 213만 명을 동원하며 흥행에 성
공했다. 역대 해외 공포 영화 2위에 해당하는 성적이었다. 영
화의 성공은 북미 개봉 때부터 예견된 결과였다. 2017년 2월
북미 개봉 직후 박스오피스 1위에 올랐고, 미국의 영화 평점
사이트 〈로튼 토마토Rotten Tomatoes〉에서 신선도 지수 99퍼센트
를 기록했다.[49] 전 세계적으로 2억 5500만 달러의 수입을 거
두며 제작비 대비 40배 이상의 수익을 올렸다.[50] 공포 장르로
는 사상 최초로 2018년 90회 아카데미 각본상을 받으면서 작

품성 면에서도 높은 평가를 얻었다.

〈겟 아웃〉의 성공 배경에는 프로덕션 블룸하우스 Blumhouse가 있다. 블룸하우스는 프로듀서 제이슨 블룸Jason Blum 이 2000년에 설립한 중소 영화 제작사다. 역사는 20년이 채 되지 않지만, 주요 작품들이 영화 흥행 정보 사이트인 〈박스 오피스 모조Box Office Mojo〉의 공포 영화 부문별 차트 상위권에 오르면서 '신흥 호러 명가'라는 타이틀을 얻고 있다. 먼저 〈겟 아웃〉은 미국 청소년 관람 불가에 준하는 R등급 공포 부문에 서 3위를, 〈파라노말 액티비티Paranormal Activity〉 시리즈는 파운 드 푸티지found footage[51] 공포 부문에서 2위부터 4위를 차례로 차지했다. 〈23 아이덴티티Split〉, 〈인시디어스Insidious〉 시리즈, 〈더 퍼지The Purge〉, 〈위자Ouija〉, 〈해피 데스데이Happy Death Day〉 등 블룸하우스의 다른 영화들도 대부분 박스오피스 1위로 데뷔 했다. 2018년 5월 개봉한 〈트루스 오어 데어Truth or Dare〉의 메 인 예고편은 국내에서 외화 공포물 가운데 최고 조회 수를 기 록했다. 예고편에 따른 반응과 박스오피스 순위, 그리고 수익 은 블룸하우스라는 브랜드가 전 세계 팬들에게 신뢰를 얻고 있다는 사실을 보여 준다.

블룸하우스 영화를 즐기는 관객들은 블룸하우스의 광 고 영상을 보는 것만으로도 높은 기대감을 갖는다. 영화가 시 작되기 전, 극장 화면에 음산한 분위기의 집이 나타난다. 각종 물건이 공중을 떠다니고, 긴 머리를 늘어뜨린 소녀가 집 안을 배회하는 동안 흔들리는 전구가 벽을 비춘다. 그리고 까만 바탕 위에 흰 글씨로 'BLUMHOUSE' 로고가 나타난다. 영화가 본격적으로 시작하기도 전에 관객들은 이미 블룸하우스라는 브랜드에 몰입한다. 블룸하우스의 인기는 단순히 스토리나 공포감을 조성하는 시각적 요소, 분위기만으로는 설명되지 않는다. 블룸하우스의 성공 배경에는 뛰어난 브랜드 전략이 숨어 있다. 효율성을 극대화하는 비즈니스 원칙, 목표 지향적인 CEO의 철학, 기존 관행과 문법을 따르지 않는 창조적인 시도가 만나 수많은 열성 팬을 만들어 내고 있다.

블룸하우스 터치

해외 언론들은 블룸하우스 영화에서 발견되는 특징적 요소를 아울러 블룸하우스 터치Blumhouse Touch라고 표현한다. 우리말로 옮기면 '블룸하우스풍의 공포'가 된다. 블룸하우스 터치의 특징은 크게 세 가지다. 첫째, 집으로 대표되는 한정된 공간에서 의외의 요소가 불어넣는 공포다. 집은 공포 영화의 단골 소재다. 우리가 가장 안전하다고 인식하는 공간, 어딘가로 도망칠 수 없는 폐쇄적인 공간에서 공포감은 더욱 커지기 마련이다. 블룸하우스의 영화들은 집을 배경으로 하는 경우가 많다. 그러나 블룸하우스 영화의 특징은 집 안에서 일어나는 공포를 독특한 방식과 관점으로 다루는 데 있다. 현실의 모습을 그대로 재현한 듯한 카메라 기법, 초자연적인 현상, 과거의 행동이 미래에 영향을 끼친다는 권선징악적 상황 설정이 대표적이다.

〈파라노말 액티비티〉는 파운드 푸티지 기법을 이용해 초자연적인 존재의 공포를 그려 낸다. 영화 속 주인공은 집 안에서 정체불명의 존재로 인해 고통을 겪는다. 집 안 곳곳에 카메라를 설치한 그는 자신을 괴롭히던 존재의 흔적을 영상으로 확인하고는 충격에 휩싸인다. 파운드 푸티지는 누군가 찍은 캠코더 영상을 그대로 영화 화면으로 대체하는 촬영 기법이다. 관객이 실제 영상을 지켜보는 콘셉트로 진행되어 장면 전환이 없고, 중간에 필름이 끊어지는 듯한 현상도 발생한다. 이러한 특징들이 사실적인 느낌을 전달한다. 초자연적 존재가 마치 실재처럼 비쳐 공포감을 더욱 극대화한다.

〈인시디어스〉도 귀신 들린 집을 콘셉트로 한다. 극 중 가족이 새집으로 이사하고 얼마 뒤 맏아들이 혼수상태에 빠진다. 그때부터 가족들의 눈에 유령이 보이기 시작한다. 집 안의 물건들까지 제멋대로 움직이자 가족은 또 다른 집으로 이사한다. 그러나 두 번째 집에서도 같은 문제가 발생한다. 집을 방문한 퇴마사는 혼수상태에 놓인 맏아들이 유체 이탈을 하면서 악령의 눈에 띄었고, 그로 인해 머무는 집마다 이상한 일이 생긴 것이라고 진단한다. 〈컨저링The Conjuring〉과 〈쏘우Saw〉로도 유명한 감독 제임스 완James Wan은 〈인시디어스〉를 만든 배경에 대해 "무서운 집에 관한 영화를 만들되, 기존의 틀을 과감히 깨트리는 독창적인 스토리로 끌고 가고 싶었다. 유체 이탈을 다룬 영화를 아직 한 번도 보지 못했다는 사실을 깨닫고 바로 이거라는 생각이 들었다"[52]고 말했다.

〈더 기프트The Gift〉는 안정적인 삶을 위해 교외에 집을 마련한 부부에게 닥친 위험을 다룬다. 부부는 새집에 들일 가구를 사러 나왔다가 우연히 남자의 고등학교 동창을 만난다. 학창 시절 남자에게서 괴롭힘을 당했던 동창은 부부의 집 앞에 의문의 선물을 갖다 놓는다. 이를 알 리 없는 부부는 누가 선물을 보냈는지, 안에 무엇이 들었는지 알지 못해 불안하기만 하다. 〈더 기프트〉는 과거의 잘못에는 책임이 따른다는 메시지를 공포 장르와 접목했다. 〈파라노말 액티비티〉와 〈인시디어스〉는 귀신 들린 집의 분위기를 연출하기 위해 볕이 잘 들지 않는 이층집 구조를 택했지만, 〈더 기프트〉는 속이 들여다보이는 통유리 집을 활용한다. 사면이 훤히 보이는 집은 부부가 누군가의 감시 아래 놓여 있고, 그래서 더 공격당하기 쉬운 불안정한 처지에 놓여 있다는 것을 암시한다.

블룸하우스 터치의 두 번째 특징은 사회상을 반영한 공포다. 가장 큰 성공 사례는 단연 조던 필Jordan Peele 감독의 〈겟 아웃〉이다. 〈겟 아웃〉은 트럼프 시대에 흑인들이 느끼는 공포를 다룬다. 흑인 남성 크리스와 백인 여성 로즈의 로맨스로 그려지는가 싶던 영화의 분위기는 크리스가 로즈 가족의 집에 초대를 받는 순간, 돌변한다. 백인 가족이 조직적으로 움직여 능력이 좋거나 육체적으로 뛰어난 흑인을 납치하고, 백인 고객이 필요로 하는 흑인의 신체 부위를 이식한다.

트럼프는 대통령 후보 시절부터 흑인을 향한 반감을 노골적으로 드러냈다. 2016년 백인 경찰의 흑인 사살에 항의하는 시위가 벌어지자 이를 폭력 시위로 낙인찍고, 시위의 원인을 마약으로 지목했다. 시위대가 마약에 취해 과격한 시위를 벌인 것이라는 트럼프의 주장은 보다 공정한 사회를 원하는 흑인들의 열망을 범죄 조직의 폭력으로 격하시켰다. 2013년 위헌 판결을 받은 불심 검문을 확대해야 한다는 트럼프의 발언은 흑인 커뮤니티에 불안감을 조장하기도 했다. 트럼프는 대통령 취임 후에도 연설 때마다 '아메리카 퍼스트(미국 우선주의)'를 외치면서 와스프WASP·White Anglo-Saxon Protestant, 즉 앵글로색슨계 백인 프로테스탄트의 기득권 사수에 강한 의지를 드러냈다.

와스프의 권력과 이익을 주장하는 트럼프의 존재는 흑인들에게 생사가 걸린 문제였다. 다양한 인종과 성 소수자의 인권 향상에 힘썼던 버락 오바마Barack Obama 대통령에서 트럼프 시대로의 변화, 그것이 주는 공포는 크리스가 초청받아 간 로즈의 집에서 폭발한다. 도시 외곽 깊숙한 곳에 자리한 집은 위압적인 분위기를 풍긴다. 저택 앞으로 펼쳐진 넓은 정원은 흑인 노예를 채찍질해 가며 목화밭을 일구었던 미국의 남북 전쟁 이전 시대를 연상시킨다. 크리스는 백인 기득권에게는 영광의 시절이자 흑인에게는 치욕스러운 역사 속으로 들어가게 되는데, 이곳에서 정신과 육체를 모두 백인에게 빼앗기는 공포를 경험한다.

〈더 퍼지〉는 1년에 단 하루 범죄를 합법화했을 때 벌어지는 풍경을 다룬다. 영화 배경인 가까운 미래의 미국은 사상 최저의 실업률에, 범죄율이 1퍼센트밖에 되지 않는 평화의 시대를 보내고 있다. 12시간 동안 살인을 포함해 모든 범죄를 허용하는 '퍼지 데이'가 있기에 가능한 결과다. 다소 황당하다고 할 수 있는 이 설정은 미국의 무기 소지 합법화가 가져올 수 있는 끔찍한 미래를 그린다. 주인공 제임스는 최첨단 보안 시스템 회사의 영업 사원으로 부를 일군 인물이다. 퍼지 데이가 없었다면 지금의 행복을 영위할 수 없었을 제임스 가족은 집 안에 설치한 보안 시스템이 뚫리면서 범죄의 희생양으로 몰릴 위기에 놓인다. 터무니없는 보안 장비 유지비에 불만을 품고 있던 이웃들까지 제임스의 가족을 숙청하려 한다. 애당초 퍼지 데이가 없었다면, 아니 무기 소지가 불법이었다면 이러한 상황에 놓이지 않았을 것이라는 영화의 메시지는 총기 사고로 신음하는 미국 사회에 경종을 울린다.

블룸하우스 터치의 세 번째 특징은 게임의 속성을 이용한 공포다. 10대는 공포 영화에 적극적인 세대다. 새로운 문화와 감정을 받아들이는 데 큰 거부감이 없다. 그래서 블룸하우스는 10대에게 익숙한 배경과 문화를 영화 안으로 끌어들인다. 그중 가장 크게 성공한 작품이 〈해피 데스데이〉다. 〈해피 데스데이〉는 생일을 맞은 여대생 트리가 악동처럼 생긴 인형 탈을 쓴 이에게 살해당하지만 다시 살아나 생일을 반복한다는 설정의 이야기다. 대학 캠퍼스의 여대생 숙소를 배경으로 하는 영화는 공포 버전의 〈사랑의 블랙홀Groundhog Day〉로도 통한다. 1993년 개봉작인 〈사랑의 블랙홀〉은 기상 캐스터 코너스가 지역 촬영을 나갔다가 폭설로 고립된 후 잠을 자고 일어나 보니 어제가 반복된다는 내용의 영화다. 기상 캐스터로서 나태했던 마음가짐을 바로잡고, 짝사랑하던 여인과도 맺어진다는 교훈적인 성격은 〈해피 데스데이〉에서도 재현된다. 학업을 내팽개치고 파티로 하루하루를 보내던 트리는 죽고 살아나기를 반복하는 동안 살인범을 찾아내고, 그 과정에서 진실한 사랑을 만나 모범적인 대학 생활을 다짐한다. 〈해피 데스데이〉의 핵심은 시간 반복이다. 어째서 트리에게 같은 날이 반복되는지 별다른 설명이 나오지 않지만, 10대 팬들에게 큰 사랑을 받았다. 10대들은 시간이 반복되는 이유를 따져 가며 영화를 관람하기보다 캐릭터의 수명이 다하면 다시 리셋되는 게임처럼 영화의 설정을 받아들였다.

〈트루스 오어 데어〉에 등장하는 진실 게임은 국내 청춘들에게도 익숙하다. 미국에서는 조금 다르게 게임을 즐기는데, 트루스truth를 선택하면 진실만을 말해야 하고, 데어dare를 선택하면 주어지는 도전을 반드시 수행해야 한다. 단순히 게임일 때는 재미있지만, 생사와 관련되면 공포가 된다. 주인공 올리비아는 친구들의 성화에 못 이겨 멕시코로 여행을 떠난다. 휴양지의 버려진 수도원에서 트루스 오어 데어 게임을 즐기던 올리비아는 머리채를 강제로 잡아 올린 듯 갑자기 일그러진 친구들의 얼굴에 놀란다. 그리고 일시적으로 친구들의 몸속으로 들어온 악령의 목소리가 트루스 오어 데어 게임을 강제하면서 공포가 시작된다. 트루스를 선택하면 친구들이 감추고 싶어 하는 비밀을 폭로해야 하고, 데어를 선택하면 어려운 도전을 이행해야 한다. 만약 도전에 실패하면 가까운 사람이 죽을 수도 있다.

저예산 크리에이티브 전략

〈트루스 오어 데어〉는 작품의 완성도 면에서 혹평을 면치 못했다. 폭로해야 할 친구의 비밀이라는 것이 가장 친한 친구의

애인을 마음에 두고 있다는 것 등으로 다소 유치했기 때문이다. 10대 팬들 사이에서도 유치하다는 반응이 많았다. 그러나 〈트루스 오어 데어〉는 블룸하우스 제작 영화 중 흥행 13위를 차지하며 쏠쏠한 수익을 올렸다. 평단과 대중의 혹평에도 〈트루스 오어 데어〉가 성공한 비결, 더 정확히는 손해를 보지 않은 배경은 무엇일까. 바로 여기에 블룸하우스의 제작 전략이 숨어 있다.

블룸하우스는 지난 10년간 할리우드의 영화 제작 방식을 혁신했다. 블룸하우스는 하이 콘셉트high concept, 즉 막대한 수익을 올릴 수 있는 영화를 기획한다. 여기서 일반적인 할리우드 영화와 다른 점은 블록버스터급이 아닌 저예산 영화를 제작해 수익을 낸다는 점이다. 블룸하우스는 오리지널 영화의 경우 제작비 500만 달러(60억 원), 시퀄sequel 영화의 경우 1000만 달러의 제작비를 초과하지 않는 선에서 영화를 제작한다. 어느 정도 수준인지 파악하기 위해 봉준호 감독의 〈설국열차〉를 예로 들어 보자. 〈설국열차〉의 총제작비는 450억 원이다. 2013년 당시 한국 영화사상 최대 제작비가 투입됐지만, 수천억 원의 블록버스터 영화가 만들어지는 미국에서는 저예산 SF 영화로 소개됐다. 〈설국열차〉가 저예산이라면 제작비 50억 원에서 100억 원 수준의 블룸하우스 영화는 그보다 더 저예산에 속하는 셈이다.

제작비에 큰돈을 들이지 않다 보니, 블룸하우스 영화는 흥행에 성공했을 때 막대한 수익을 올리게 된다. 좋은 평가를 받지 못해 박스오피스 순위를 차지하지 못해도 수익 면에서 크게 손해를 보지 않는다. 실제로 제작비 1만 5000달러(1800만 원)의 〈파라노말 액티비티〉는 전 세계적으로 1억 9000만 달러(2280억 원)를 벌어들여 무려 1만 2670배의 수익률을 기록했다.

저예산을 지향하는 블룸하우스에게 집과 같은 한정된 공간은 제작비를 절감할 수 있는 최상의 조건이다. 집 한 채만 있으면 별도의 세트를 지을 필요 없이 영화 한 편을 만들 수 있는 환경이 갖춰진다. 굳이 야외 로케이션을 알아보지 않아도 되기 때문에 제작비는 더 절감된다. 집은 저예산에 특화된 공간이면서, 저예산 영화가 갖는 한계를 극복하는 가능성의 장소이기도 하다. 〈인시디어스〉의 귀신 들린 집, 〈위자〉와 〈언프렌디드: 친구 삭제Unfriended〉 속 게임 공간으로서의 집, 〈겟 아웃〉, 〈23 아이덴티티〉, 〈더 비지트The Visit〉가 보여 주는 납치 공간으로서의 집 등 블룸하우스 영화에서 집은 무궁무진한 공포를 자아내는 장치로 활용된다. 파운드 푸티지 기법 또한 고사양 카메라나 특수 효과를 사용하지 않아도 되므로 저예산 영화를 제작할 때 유용하다.

저예산 제작 외에 흥행을 견인하는 또 하나의 요소는

바로 배우 이미지의 활용이다. 미국의 총기 합법화를 꼬집은 〈더 퍼지〉의 새로움은 다름 아닌 배우 에단 호크Ethan Hawke다. 에단 호크는 1995년 〈비포 선라이즈Before Sunrise〉를 시작으로 '비포' 시리즈에 출연하며 로맨틱한 남성상으로 대중의 호감을 얻었다. 〈더 퍼지〉에서는 퍼지 데이를 지지할 뿐 아니라, 이를 노려 가정용 보안 장비를 판매하는 등 타인의 목숨에는 관심이 없는 비윤리적 인물을 연기했다. 그러나 가족의 안전이 벼랑 끝에 몰리자 외부 침입자들과 사투를 벌이는 인물로 변모한다. 관객은 가족을 지키기 위해 애쓰는 에단 호크의 모습에 감정 이입하고, 비호감이던 주인공은 영화 말미에 호감형 캐릭터로 거듭난다. 블룸하우스는 에단 호크가 기존에 갖고 있던 호감 이미지를 비틀어 캐릭터에 입체적 변화를 주면서 관객들의 몰입을 유도한다. 극 중 배우가 과거의 잘못을 깨닫고 각성하는 모습은 미국 총기 합법의 위험성을 다시 한번 생각해 보게 하는 계기로 작동한다.

〈해피 데스데이〉를 흥미롭게 본 이들은 공포 장르에 코믹함을 접목한 시도가 좋았다고 평한다. 주인공이 앞으로 닥칠 위험을 알고 있어 여유 있게 대처하는 모습, 살인마의 불시 공격을 노련하게 피하는 모습이 코믹함과 안도감을 줬다고 말한다. 예측 가능한 미래와 코믹 요소는 그동안 공포 장르에서 볼 수 없었던 신선한 요소로 의외의 재미를 선사한다.

저예산 제작과 배우 이미지의 활용, 그리고 신선한 아이디어를 충족하는 블룸하우스도 단 하나 꺼리는 소재가 있다. 몬스터monster, 혹은 크리처creature로 불리는 괴수의 등장이다. 이와 관련해 흥미로운 일화가 있다. 블룸하우스가 2018년 개봉한 공포 영화 〈콰이어트 플레이스A Quiet Place〉를 제작한다는 소식이 할리우드 관계자들 사이에 퍼진 적이 있다. 이 영화에는 앞을 못 보는 대신 청각이 극도로 발달한 괴수가 등장한다. 이야기가 주로 집 안에서 진행되기 때문에 당연히 블룸하우스가 제작할 것이라는 소문이 무성했다. 하지만 영화는 〈트랜스포머Transformers〉 시리즈를 연출한 마이클 베이Michael Bay 감독이 CEO로 있는 플래티넘 듄스Platinum Dunes가 제작을 맡았고, 블룸하우스는 처음부터 이 기획에 별로 관심이 없었던 것으로 밝혀졌다. 블룸하우스의 설립자이자 대표인 제이슨 블룸은 "괴수물은 괴수가 펼치는 볼거리가 중요하다. 좋은 공포 영화는 보이는 것보다 보이지 않는 방식의 연출이 핵심이다. 괴수 출현으로 관객을 놀라게 하는 건 나의 관점에서 진정한 공포가 아니다"라고 말했다. 그는 1700만 달러가 넘는 〈콰이어트 플레이스〉의 제작비에 대해서도 "우리에게는 너무 큰 영화"라고 덧붙였다.

제이슨 블룸의 제작 원칙

제이슨 블룸은 1993년 애로우 필름Arrow Flims에 입사해 처음 영화 업무를 시작했다. 그는 만듦새가 매끈하지 않아도 재미 만큼은 보장하는 5만 달러 미만의 장르 영화를 사들여 부가 판권 회사에 판매하는 업무를 담당했다. 그 뒤 에단 호크가 세운 극단 말라파르테Malaparte에서 제작 총괄 감독으로 일했다. 할리우드의 거물 제작자였던 하비 와인스타인Harvey Weinstein과 그의 동생 밥 와인스타인Bob Weinstein이 운영하는 미라맥스 Miramax에서 5년간 프로듀서를 맡으며, 〈디 아더스The Others〉 같은 영화들을 제작하기도 했다. 이때부터 블룸의 원칙은 제작비가 많이 들지 않으면서 흥행성과 예술성을 갖춘 영화를 제작하는 것이 됐다.

미라맥스는 할리우드 메이저와는 거리를 둔 독립 제작사였다. 메이저 제작사였다면 제작조차 힘들었을 작품들로 흥행에 크게 성공하면서 준메이저급 제작사로 성장했다.[53] 그러나 〈갱스 오브 뉴욕Gangs of New York〉, 〈콜드 마운틴Cold Mountain〉과 같은 대작에 손을 대고 흥행에 실패하면서 예전의 독립 영화 정신을 상실했다는 비판을 받았다. 블룸은 미라맥스에서 50여 편에 가까운 작품을 기획하고 제작하면서 중요한 사실을 깨달았다. 제작사의 덩치가 너무 커지면 영화 제작에 거액의 비용을 들이고, 손해를 보지 않기 위해 새로운 시도를 망설

이게 된다는 것이다. 그렇게 되면 감독의 창의적인 능력을 제한할 수밖에 없다. 그 결과 크게 변별력이 없는 작품을 극장가에 내걸면서 그러그러한 제작사로 남고 만다.

블룸은 상대적으로 제작비가 많이 들지 않는 공포물이야말로 독립 영화에 어울리는 장르라고 생각했다. 공포물은 관객의 감정을 쥐락펴락하는 연출이 중요하므로 역량 있고 가능성 있는 감독을 발굴하는 것이 중요하다. 제한된 예산 안에서 감독들이 창의적인 시도를 펼칠 수 있는 시스템을 유지한다면 미라맥스가 전성기에 보였던 새로운 소재와 감성의 공포 영화를 재현할 수 있을 것 같았다. 단, 배급은 메이저 회사와 손을 잡아야 유리했다. 대형 배급사가 단단하게 뒷받침을 해준다면 안정적으로 스크린 수를 확보할 수 있고, 그에 따라 손해를 최소화하고 수익은 크게 가져갈 수 있기 때문이다. 이러한 논리에 따라 〈겟 아웃〉과 〈파라노말 액티비티〉 시리즈의 배급은 각각 유니버설 픽처스Universal Pictures와 파라마운트 픽처스Paramount Pictures가 담당했다. 그렇게 블룸은 자신의 이름과 저예산 제작의 상징과도 같은 집의 영문 단어를 합쳐 블룸하우스를 설립한다.

블룸하우스의 성공에는 블룸의 직업적 배경과 뛰어난 사업 수완 외에도 변화된 할리우드 영화의 제작 환경이 자리한다. 2010년대에 들어서 할리우드 영화의 제작 방식은 이전과 크게 달라졌다. 먼저 영화와 견주어도 손색없는 화질과 완성도를 갖춘 미국 드라마가 빠르게 인기를 얻기 시작했다. 온라인 동영상 스트리밍 플랫폼 넷플릭스와 같은 신생 매체들이 등장해 양질의 오리지널 드라마를 공격적으로 서비스했다. 할리우드는 그에 대항할 만한 전략이 필요했다. 할리우드가 취한 전략은 프리퀄prequel, 시퀄, 스핀오프spin-off 등 속편 제작 횟수를 늘리면서 한 세계관의 팬덤을 키우는 것이었다. 시리즈물의 필요성이 높아지면서 장기적인 관점으로 콘텐츠를 기획하는 능력이 새로운 미디어 시대의 생존법이 되었다. 흥행 가능성이 있는 작품을 알아보고 시리즈로 이끌어 가는 안목을 갖춘 브레인, 프로듀서의 존재가 중요해졌다.

프로듀서 전성시대를 구가하기 위해서는 두 가지 요소가 필요하다. 순수한 팬의 마음으로 자신이 다루는 장르에 애정을 쏟는 것, 그리고 시장성 제고에 탁월한 비즈니스 감각이다. 이 두 가지를 갖춘 대표적인 인물이 마블 스튜디오Marvel Studios의 총괄 프로듀서 케빈 파이기Kevin Feige다. 케빈 파이기는 일찍이 슈퍼 히어로가 대거 등장하는 영화의 가능성을 알아봤다. 〈엑스맨X-Men〉의 프로듀서로 참여했던 그는 영화계에서 인지도가 거의 없던 조스 웨던Joss Whedon을 2012년 〈어벤져스Avengers〉의 연출자로 강력히 밀어붙였다. 그는 조스 웨던이 마블 코믹스의 만화 〈어스토니싱 엑스맨Astonishing X-Men〉의 작가로 참여했던 점을 높이 샀다. 웨던의 경험이 다수의 슈퍼 히어로가 등장하는 영화에서 캐릭터의 균형을 맞추는 데 도움이 될 것이라 판단했다.

마블 스튜디오에서 막강한 영향력을 행사하는 케빈 파이기는 '마블 시네마틱 유니버스'[54]라는 큰 그림을 그리면서 세세한 부분까지 관장하는 것으로 유명하다. 웨던의 사례처럼, 케빈 파이기는 잘 알려진 감독보다 스튜디오가 요구하는 바를 맞출 수 있는 감독을 선임한다. 그리고 마블 시네마틱 유니버스가 일관성과 연속성을 가질 수 있도록 세계관을 끌고 간다.

제이슨 블룸은 케빈 파이기에 이어 언론의 주목을 받는 스타 프로듀서다. 그래서 블룸하우스의 케빈 파이기로 통하지만, 케빈 파이기와 몇 가지 점에서 근본적으로 다르다. 블룸의 프로듀싱 철칙은 다음과 같다.

① 감독의 창작권을 보장한다

저예산 영화에서 감독의 역량은 무엇보다 중요하다. 막대한 투자를 받을 수 없어 부딪히게 되는 한계의 상당 부분을 창작자의 아이디어로 돌파해야 한다. 그러한 이유로 블룸은 감독 선정부터 공을 들인다. 영화를 기획한 후 면담을 통해 어떻게 장르적인 요소를 살려 내고 관객을 극장으로 끌어들일 것인지 감독의 비전을 확인한다. 능력만 있다면 신인이든 경력자든 가리지 않는다. 감독으로 발탁한 뒤에는 영화 안에서 개성을 맘껏 발휘할 수 있도록 창작권을 보장한다.

〈겟 아웃〉의 조던 필과 〈더 기프트〉의 조엘 에저튼Joel Edgerton은 블룸하우스를 통해 장편 연출가로 데뷔했다. 블룸은 두 감독을 선임한 이유에 대해 "연출 경력은 없지만, 현장 경험이 충분하고 해당 프로젝트의 비전이 확실해 영화를 맡길 수 있었다"고 설명했다. 〈식스 센스The Sixth Sense〉의 반전으로 전 세계를 깜짝 놀라게 했지만 다음 작품들에서 그만한 성공을 거두지 못해 하락세에 있던 M. 나이트 샤말란M. Night Shyamalan은 블룸하우스의 〈더 비지트〉와 〈23 아이덴티티〉를 통해 다시 한 번 주목받을 수 있었다.

조던 필 감독을 캐스팅한 일화는 제이슨 블룸만의 감독 선정 방식과 안목을 보여 준다. 〈겟 아웃〉의 시나리오를 읽고 흥미를 느낀 블룸은 필과의 만남을 먼저 요청했다. 필은 첫 만남에서 〈겟 아웃〉을 '트럼프 시대에 흑인이 느끼는 악몽에 관한 영화'라고 한 줄로 정리했다. 블룸은 주제 의식을 명료하게 꿰뚫고 있는 그의 자세가 마음에 들었다. 장편 영화를 연출한 적은 없지만, 영화 현장의 스태프로 일한 경력도 감독 발탁에 중요한 배경이 되었다. 블룸은 450만 달러를 투자하고 여자 주인공과 어머니 역의 캐스팅을 제안했다. 그 외의 모든 결

정은 필 감독에게 맡겼다. 마블 스튜디오를 비롯해 대부분의
제작사가 투자자를 안심시키고 수익을 극대화하기 위해 감독
의 개성을 최대한 자제하는 것과는 확연히 다른 행보였다.[55]

② 저예산 원칙을 지킨다

블룸은 블룸하우스를 세우고 20년 동안 50편가량의 작품을
발표했다. 1년에 평균 두 편 이상을 제작한 셈인데, 자신이 세
운 원칙을 충실히 따르지 않았다면 달성하기 어려운 성과다.
500만 달러에서 1000만 달러의 저예산 제작을 위해 그가 이
행하는 원칙은 다음과 같다.

첫째, 대본의 양을 제한한다. 시나리오상의 대사가 한
줄 늘 때마다 배우의 추가 개런티가 발생하기 때문이다. 둘째,
로케이션을 가능한 한 한군데로 정한다. 셋째, 배우 출연료는
법정 최소액으로 지급하되 수익 발생 시 러닝 개런티(흥행 수
입에 따라 받는 금액) 지급을 제안한다. 넷째, 정해진 제작 예산
을 반드시 준수한다. 예산을 초과하는 장면이 필요할 경우에
는 창조적인 방식으로 문제를 해결한다. 다섯째, 영화의 결말
은 여러 가지 해석이 가능하도록 열어 둔다. 그래야 흥행에 성
공했을 때 추가 수익을 낼 속편 제작을 고려할 수 있다.

③ 성공한 공포 영화의 문법을 현대적으로 재해석한다

블룸하우스의 작품 목록을 살펴보면 과거 영화 팬들이 열광했던 공포물의 특정 요소를 현대에 맞게 재창조한 경우가 많다. 〈파라노말 액티비티〉는 1999년 〈블레어 위치The Blair Witch Project〉의 파운드 푸티지 방식을 집 안으로 끌어와 기념비적인 흥행을 기록했다. 〈겟 아웃〉의 신체 강탈 테마는 1962년 작품인 〈맨츄리안 켄디데이트The Manchurian Candidate〉에서, 인간 개조 테마는 1978년 작품인 〈분노의 악령The Fury〉에서 먼저 활용해 주목받은 적이 있다. 조던 필은 이 테마에 흑인 차별이라는 현실을 반영해 호응을 얻었다. 〈해피 데스데이〉의 반복되는 죽음 설정은 〈사랑의 블랙홀〉의 테마를 공포 장르와 접목했고, 〈인시디어스〉 시리즈의 오컬트적인 요소는 1973년 작품 〈엑소시스트The Exorcist〉와 연결된다.

신인과 경력을 가리지 않고 적임자라고 판단되는 감독에게 전권 부여, 저예산 제작을 위한 원칙 이행, 흥행이 검증된 과거 사례의 현대적 재창조. 이 세 가지 프로듀싱 철칙이 할리우드 스튜디오 시스템과 블룸하우스의 시스템을 가르는 차이다. 할리우드의 스튜디오 시스템은 흥행에 성공한 요소를 답습하지만, 블룸하우스는 이를 재창조한다. 제이슨 블룸은 저예산과 검증된 흥행 요소라는 이중의 안전장치 안에서 감독의 역량을 끌어올리는 환경을 제공한다.

블룸은 공포 영화를 좋아하지만, 이 장르의 열광적인 팬은 아니다. 편식하지 않고 여러 장르의 작품을 즐겨 보는 쪽에 가깝다. 그래서 블룸하우스에는 코믹 호러 〈해피 데스데이〉, 10대들의 일상이 반영된 〈트루스 오어 데어〉, 스릴러 요소가 강한 〈23 아이덴티티〉, 사회 문제를 담은 〈겟 아웃〉 등 공포 장르만으로 묶을 수 없는 작품들이 다수 존재한다. 블룸의 개인적인 특성이 다양한 소재와 감성을 접목한 블룸하우스의 라인업에 그대로 반영되는 것이다.

그 가운데 〈위플래쉬Whiplash〉는 드럼에 천부적인 재능을 지닌 학생과 그를 최고의 드럼 연주자로 키우기 위해 스파르타식 교육을 하는 선생의 광기 어린 신경전을 다룬다. 일반적인 공포물과는 거리가 멀어 보이지만, 시종일관 긴장감을 유발하고 어두운 분위기를 유지한다. 전통적인 공포물의 방식을 따르지 않음에도 제이슨 블룸이 〈위플래쉬〉를 제작한 이유는 무엇일까. 그는 이렇게 말한다. "공포 영화는 사람들의 무의식에 존재하는 공포를 의식하도록 한다. 사람들은 불편한 감정을 갖는 걸 즐긴다. 좋은 의미든, 나쁜 의미든 관객을 미치게 만들고 싶다."[56]

블룸에게 영화는 단순한 돈벌이 대상이 아니다. 그는 이 직업에 종사하는 사람들, 블룸하우스 작품을 좋아하는 팬들과 영화라는 문화를 공유하고 싶어 한다. 영화와 직업을 대하는 그의 태도는 다음의 발언에서 더 분명히 드러난다. "투자자는 흥행 수익에 관심이 있다. 영화 작업이 어떻게 이뤄지는지, 어떤 이들과 함께하는지에 대해서는 신경 쓰지 않는다. 내가 저예산 영화를 좋아하는 건 나의 이익과 감독의 이익과 배우의 이익과 스태프의 이익을 사이좋게 나눠 가질 수 있어서다. 나와 함께 일하는 사람들은 창조적인 결정과 관련된 사안이 아니라면, 영화 작업 이외의 수익에는 관심이 없다." 블룸의 목표는 공포 영화를 제작하는 것이 아니다. 공포 영화를 통해 사람들에게 영향을 미치고자 하는 그의 야망은 이제 공포 영화를 넘어, 다양한 매체와 장르로 향하고 있다.

블룸하우스의 브랜드 파워

블룸하우스는 앞선 영화들 외에도 꾸준히 신작을 내며 흥행 가도를 달리고 있다. 〈더 퍼지〉 시리즈의 네 번째 작품인 〈더 퍼스트 퍼지The First Purge〉는 2018년 7월 개봉일 하루에만 2만 5000달러의 극장 수익을 올리며, 공포 영화 시리즈 역사상 4위에 해당하는 전야 흥행을 기록했다.[57] 제작비는 1300만 달러인 반면, 전 세계 박스오피스 수익은 1억 3700만 달러에 달한다. 2020년 2월 개봉한 〈인비저블맨〉은 전 세계 박스오피스 수익이 1억 2500만 달러 규모로, 제작비의 17배가 넘는 수익을 올렸다.

블룸하우스는 스크린을 넘어 TV 드라마 분야에서도 영향력을 높여 왔다. 영화 쪽으로는 제이슨 블룸이 가장 좋아하는 공포 영화로 알려진 〈핼러윈Halloween〉의 리부트[58]가 2018년 10월 개봉했다. M. 나이트 샤말란의 〈언브레이커블Unbreakable〉과 〈23 아이덴티티〉의 세계관을 공유하고 있는 〈글래스Glass〉도 2019년 1월 공개됐다. 작품의 평가는 떨어져도 젊은 관객의 호응을 받은 〈해피 데스데이〉는 속편을 2019년 2월 개봉했다. TV 쪽으로는 미니 시리즈 〈날카로운 것들Sharp Objects〉의 첫 번째 시즌이 2018년 7월 HBO에서 방영됐다. 〈더 퍼지〉 시리즈의 드라마 버전도 시즌 2까지 제작됐다.

제이슨 블룸의 야심은 단순히 다양한 장르의 영화와 드라마를 제작해 수익을 올리는 데에만 있지 않다. 블룸은 〈위플래쉬〉를 두고 '공포 영화의 선댄스 버전'이라고 정의한 바 있다. 선댄스 영화제는 배우 로버트 레드포드Robert Redford가 〈내일을 향해 쏴라Butch Cassidy and The Sundance Kid〉에서 자신이 연기했던 선댄스 키드의 이름을 가져와 1978년 독립 영화 활성화를 위해 만든 영화제다. 블룸은 2014년 〈위플래쉬〉를 선댄스 영화제에 출품했고, 심사위원 대상과 관객상까지 2관왕을 거머쥐었다. 비슷한 맥락에서 2018년 8월 미국에서 개봉한 〈블랙클랜스맨BlacKkKlansman〉은 '블룸하우스의 칸 영화제 버전'이라고 해도 좋을 것이다. 매년 5월 열리는 칸 영화제는 영화를 잘 만드는, 세계적 인지도가 있는 유명 감독들의 화제작을 총집결한다. 〈블랙클랜스맨〉을 연출한 스파이크 리Spike Lee 감독은 1980년대 후반부터 1990년대 중반까지 〈말콤 XMalcolm X〉, 〈정글 피버Jungle Fever〉, 〈똑바로 살아라Do the Right Thing〉 등 할리우드에서 가장 직설적이고 도발적이고 문제적인 영화들로 이름을 알렸다. 이후 침체를 겪던 그는 블룸하우스와 손잡고 백인 우월주의 단체 KKK단에 잠입한 흑인 형사의 실제 사연을 기초로 한 〈블랙클랜스맨〉으로 2018년 칸 영화제 경쟁 부문에서 심사위원 대상을 받았다. 2018년 아카데미 시상식에서는 〈겟아웃〉이 각본상을 받았다. 이로써 블룸하우스는 작품성, 화제성, 영향력을 모두 가진 독립 제작사로 자리매김했다.

할리우드에서는 스티븐 킹Stephen King의 원작으로 유명한 〈그것It〉, 시리즈물로 큰 사랑을 받은 〈컨저링〉 등을 제작한 뉴 라인 시네마New Line Cinema와 블룸하우스를 함께 묶어 호러 명가라 부른다. 두 제작사의 활약으로 저예산 호러 영화는 2016년 처음으로 1조 원대 매출을 넘겼다. 2017년에는 1조 3700억 원까지 성장했다. 블룸하우스의 약진을 통해 공포 영화계는 새로운 시대를 맞았다.

물론 마블이 〈어벤져스: 인피니티 워Avengers: Infinity War〉한 편으로 전 세계에서 2조 원이 넘는 수익을 기록한 것에 비하면 메이저 스튜디오와 독립 영화 제작사의 규모 차이는 현저하다. 그러나 1조 원의 제작비를 들인 영화와 다르게 저예산으로 장르의 경계를 넓혀 가는 블룸하우스의 행보는 여느 대형 제작사 부럽지 않을 정도다. 오히려 참신한 소재와 감성, 새로운 감독으로 무장한 영화를 앞세워 무시무시한 흥행 성적을 올리고, 세계적인 영화제에서 주목을 받고 있다. 블룸하우스가 손을 댄 영화는 재미있거나 완성도가 높거나 흥행과 작품성을 겸비한 영화라는 인식이 뿌리를 내리고 있다. 블룸하우스의 브랜드 파워는 이러한 토대 위에서 만들어진다. 블룸하우스라는 브랜드가 공포물을 넘어 다양한 장르 위에서 꽃을 피우고 있다.

박진수는 한양대학교 문화콘텐츠학과에서 석사 학위를 받았다. 그래픽 노블을 시작으로 마블에 관심을 가졌고, 마블 시네마틱 유니버스 출범 후 그 스토리 월드에 매료되어 마블 스튜디오의 트랜스미디어 스토리텔링 전략을 연구했다. 현재는 각종 콘텐츠를 기획하고 제작하고 있다.

마블이 만든 세계

2019년 4월 24일, 〈어벤져스〉 시리즈의 마지막 편인 〈어벤져스: 엔드게임〉이 개봉했다. 개봉 전 공개한 트레일러부터 전 세계인의 이목을 집중시켰고, 개봉 첫 주에만 6억 달러(7210억 원)가 넘는 수익을 거뒀다. 전 세계에서 벌어들인 수익은 27억 9780만 달러(3조 3460억 원)로, 역대 영화 흥행 수익 1위를 차지했다. 마블 스튜디오가 이러한 성과를 이루어 낼 수 있었던 이유는 개별 작품이나 캐릭터의 인기를 넘어서는 세계관 자체의 매력에 있다.

슈퍼히어로 코믹스는 다양한 캐릭터와 소재를 바탕으로 대중적 인지도를 축적해 왔다. 충성도 높은 팬덤fandom도 확보하고 있다. 최근 영화, 드라마, 게임 등 다양한 장르에서 슈퍼히어로 코믹스를 원천 소스로 하는 콘텐츠가 활발하게 제작되는 이유다. 특히 2000년대 이후부터 슈퍼히어로 코믹스를 전환adaptation[59]해 제작한 슈퍼히어로 영화 시리즈는 하나의 현상이라고 할 만한 인기를 누리고 있다.

슈퍼히어로 코믹스를 영상 콘텐츠로 만드는 대표적 브랜드는 마블 스튜디오와 DC 엔터테인먼트DC Entertainment다. 마블 코믹스를 기반으로 삼는 마블 스튜디오는 2008년부터 〈아이언 맨〉, 〈인크레더블 헐크〉, 〈아이언 맨 2〉, 〈토르: 천둥의 신〉, 〈퍼스트 어벤져〉, 〈어벤져스〉 시리즈 등 2020년 6월까지 총 23편의 영화를 공개했다. 특히 〈어벤져스〉 시리즈[60]는 영화마다 한 명의 슈퍼히어로 캐릭터를 바탕으로 스토리를 전개해 오던 기존 슈퍼히어로 영화와는 다른 새로운 시도였다. 〈어벤져스〉 시리즈는 여러 슈퍼히어로 영화 텍스트들이 관계를 형성하는 플랫폼 역할을 한다. 이 안에서는 캐릭터들이 새롭게 조합되면서 새로운 캐릭터의 성격과 이야기가 만들어진다. 텍스트 연결의 필드field 역할을 하는 〈어벤져스〉 시리즈는 스토리 월드 확장의 중심축이다. 이를 토대로 마블 스튜디오는 트랜스미디어 스토리 월드인 마블 시네마틱 유니버스Marvel Cinematic Universe를 출범시켰다.

마블 시네마틱 유니버스의 파괴력은 엄청나다. 한국에서만 707만 명의 관객이 관람한 첫 번째 〈어벤져스〉 시리즈 〈어벤져스〉는 전 세계적으로 15억 달러(1조 7950억 원)의 수익을 거뒀다. 세 번째 시리즈 〈어벤져스: 인피니티 워〉는 한국에서 관객 수 1121만 명을 기록하고, 세계적으로 20억 달러(2조 3950억 원)의 수익을 올렸다.[61]

마블의 성공 이후, 라이벌 관계에 있는 DC 엔터테인먼트 역시 단일 캐릭터 영화와 복수의 슈퍼히어로가 등장하는 영화를 연결해 제작하기 시작했다. DC 엔터테인먼트는 2013년 슈퍼맨 시리즈인 〈맨 오브 스틸〉을 개봉하면서 이전 작품들의 리부트[62]를 선언하고 〈배트맨 대 슈퍼맨: 저스티스의 시작〉,

〈수어사이드 스쿼드〉, 〈원더 우먼〉, 〈저스티스 리그〉를 차례로
제작했다. DC 엔터테인먼트의 〈저스티스〉 시리즈는 〈어벤져
스〉와 유사하게 다양한 캐릭터와 스토리를 결합하는 역할을
한다. 이를 토대로 DC 엔터테인먼트는 고유의 스토리 월드인
DC 익스텐디드 유니버스DC Extended Universe를 조형했다.

하지만 DC 익스텐디드 유니버스는 스토리의 확장에
실패하고 있다. 스토리가 전개될 때마다, 텍스트가 결합될 때
마다 스토리의 배경과 구성이 확장되는 마블 시네마틱 유니
버스와는 다른 점이다. 특히 〈저스티스〉 시리즈는 슈퍼히어
로들의 팀플레이 수준에 그치고 만다. 결과적으로 〈저스티
스〉 시리즈의 흥행 성적은 〈어벤져스〉 시리즈의 절반에도 못
미치고 있다.[63] DC 엔터테인먼트의 경우, 여전히 단일 캐릭터
시리즈의 흥행 성적이 더 높다.

수렴과 팽창의 스토리텔링

마블 스튜디오와 DC 엔터테인먼트는 비슷한 선택을 했지만
전혀 다른 결과를 내고 있다. 그 차이는 트랜스미디어 스토리
텔링 전략에 있다. 트랜스미디어는 한 작품의 캐릭터가 다양
한 플랫폼에 걸쳐 등장하는 현상을 설명하기 위해 문화 연구
자 마샤 킨더Marsha Kinder가 1991년 처음 사용한 용어다. 이후
헨리 젠킨스Henry Jenkins의 저서 《컨버전스 컬처》를 통해 트랜

원 소스 멀티 유즈

트랜스미디어 스토리텔링

스미디어와 트랜스미디어 스토리텔링 개념이 대중적으로 확산되었다. 젠킨스에 따르면, 트랜스미디어 스토리텔링은 각각의 새로운 텍스트가 다양한 미디어 플랫폼을 통해 공개되고, 전체 스토리에 분명하고도 가치 있는 기여를 해야 하며, 어떤 상품이든 전체 프랜차이즈로의 입구가 되고, 새로운 수준의 통찰과 경험을 지속적으로 제공해야 한다.[64]

트랜스미디어 스토리텔링은 원 소스 멀티 유즈One Source Multi Use·OSMU와는 다르다. OSMU는 성공한 원천 콘텐츠를 토대로 다른 상품을 만들어 내는 비즈니스 전략이다. 원천 콘텐츠가 순차적으로 다른 플랫폼으로 옮겨 간다. 반면 트랜스미디어 스토리텔링의 서사는 탈중심적이며, 소비자의 향유를 기반으로 동시다발적으로 진행된다. 다양한 플랫폼에서 전개되는 이야기들은 세계관과 캐릭터를 공유하지만 각각 다른 스토리를 지니고, 이 콘텐츠들이 모여 하나의 거대한 서사를 이룬다.

OSMU의 대표적인 사례로 조앤 K. 롤링의 소설 《해리 포터》 시리즈[65] 를 꼽을 수 있다. 선풍적인 인기를 얻은 책을 원천 소스로 하여 영화, 게임, 테마 파크, MD 상품 등 다른 미디어로 옮겨 가는 형태다. 원천 콘텐츠는 개별 콘텐츠에 일방적으로 영향을 주고, 이를 통해 생성된 콘텐츠는 각각 독립적으로 존재한다는 점에서 서로 다른 개별 콘텐츠가 모여 하나가 되는 트랜스미디어 스토리텔링과는 큰 차이가 있다.

트랜스미디어 스토리 월드의 대표적인 사례는 단연 마블 시네마틱 유니버스다. 마블 스튜디오는 트랜스미디어 스토리텔링 전략을 바탕으로 독립적인 텍스트가 선별적으로 이합집산하는 거대한 세계를 구축했다. 코믹스 원작을 넘어 타 플랫폼으로 세계의 범위를 확장함과 동시에 개별 콘텐츠의 서사가 진행될 때마다 스토리 월드의 크기를 지속적으로 팽창시켰다. 이와 함께 스토리 속에서 소비자가 즐길 수 있는 요소를 늘림으로써 대중의 유입을 활성화하고, 그들의 참여를 바탕으로 마블의 세계를 증축했다. 이러한 세계를 형성하는 중심축이자 연결의 장으로 기능한 텍스트가 〈어벤져스〉 시리즈다.

마블 스튜디오는 마블 시네마틱 유니버스를 구축하면서 트랜스미디어 스토리텔링과 함께 페이즈phase 전략을 사용

페이즈 1	아이언 맨, 인크레더블 헐크, 아이언 맨 2, 토르: 천둥의 신, 퍼스트 어벤져, 어벤져스
페이즈 2	아이언 맨 3, 토르: 다크 월드, 캡틴 아메리카: 윈터 솔져, 가디언즈 오브 갤럭시, 어벤져스: 에이지 오브 울트론
페이즈 3	캡틴 아메리카: 시빌 워, 닥터 스트레인지, 가디언즈 오브 갤럭시 Vol. 2, 스파이더맨: 홈커밍, 토르: 라그나로크, 블랙 팬서, 어벤져스: 인피니티 워, 앤트맨과 와스프, 캡틴 마블, 어벤져스: 엔드게임, 스파이더맨: 파 프롬 홈
페이즈 4	블랙 위도우, 이터널스, 상치 앤 레전드 오브 텐 링스, 스파이더맨 3, 토르 4, 닥터 스트레인지 2

마블 시네마틱 유니버스의 페이즈

해 왔다. 〈어벤져스〉 시리즈는 각각의 페이즈에서 결론 부분을 맡아 앞서 공개된 단일 슈퍼히어로 캐릭터 영화를 결합한다. 마블 스튜디오는 페이즈를 거치면서 자신의 세계를 지속적으로 구축하고 팽창시켜 왔다. 2019년 4월 개봉한 〈어벤져스: 엔드게임〉을 마지막으로 페이즈 3과 〈어벤져스〉 시리즈가 막을 내리지만, 마블 시네마틱 유니버스는 페이즈 4에서 개봉하는 또 다른 영화들을 통해 계속해서 새로운 세계를 조형해 나갈 것이다.

캐릭터의 관계, 세계의 기반이 되다

〈어벤져스〉 시리즈 첫 작품인 〈어벤져스〉는 아이언 맨, 헐크, 토르, 캡틴 아메리카 등의 개별 캐릭터 시리즈 다음에 등장한

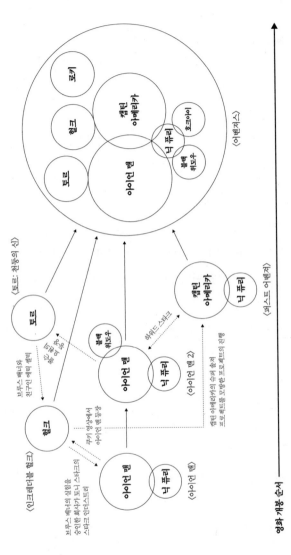

〈어벤저스 스토리 월드 조행도〉

〈어벤저스〉

〈토르: 천둥의 신〉

〈인크레더블 헐크〉

〈아이언 맨 2〉

〈퍼스트 어벤저〉

〈아이언 맨〉

브루스 배너의
친구인 예비 셀비

캡틴 아메리카의 슈피 슐저
프로웨트를 모방한 프로젝트의 진행

핫위드 스타크

브루스 배너의 실험을
승인한 회사가 토니 스타크의
스타크 인더스트리

쿠키 영상에서
아이언 맨 등장

영화 개봉 순서

120

영화로, 단일 슈퍼히어로 캐릭터 영화에 등장했던 모든 캐릭터가 서사 속에 등장한다. 모든 캐릭터가 하나의 스토리 속에 집결하는 것은 각각의 캐릭터가 지닌 세계관을 결합하는 효과를 낸다.

〈어벤져스〉 이전에 단일 슈퍼히어로 캐릭터들의 서사는 독립적으로 전개되고, 이 캐릭터들은 자신의 스토리 월드를 지닌 채 거점 플랫폼인 〈어벤져스〉로 수렴한다. 이는 '세계관 + 세계관'과 같은 단순한 합산의 방식으로 이루어지지 않는다. 개별 캐릭터 텍스트의 여러 요소 중 일부를 취사선택함으로써 여러 캐릭터들이 서로 다른 비중을 맡으며 조화로운 스토리 월드를 구성한다.

〈어벤져스〉는 스토리 월드의 시공간적 배경을 〈아이언맨〉으로부터 차용한다. 미국을 배경으로 현재를 살아가는 아이언 맨의 세계관이 〈어벤져스〉의 스토리 월드 조형의 중심축이다. 이러한 기틀에 다른 슈퍼히어로 텍스트 속의 다양한 요소를 추가하며 스토리 월드는 확장된다. 〈토르: 천둥의 신〉의 메인 캐릭터인 토르와 로키는 공간적 범위를 확장시킨다. 토르와 로키는 '아스가르드'라는 다른 우주의 캐릭터다. 이들이 〈어벤져스〉의 스토리 월드에 합류함으로써 지구와 지구 밖 세계 사이의 공간적 경계는 허물어진다. 빌런[66]인 로키와 함께 '치타우리Chitauri[67]'라는 새로운 우주의 종족을 등장시킴으로써 수많은 우주가 존재한다는 것을 암시하는 것 역시 중요한 요소다. 마블 시네마틱 유니버스의 핵심인 '멀티버스[68]' 개념의 바탕이 되기 때문이다. 우주 차원의 공간적 배경을 확립한 〈어벤져스〉는 이후 전개될 단일 슈퍼히어로 텍스트나 〈어벤져스〉 시리즈의 세계관을 자연스럽게 넓힌다. 새로운 캐릭터가 등장하거나 합류할 때의 부담도 최소화된다.

캡틴 아메리카는 〈어벤져스〉에 합류하는 슈퍼히어로로 중 유일하게 과거라는 시간적 배경 속에서 탄생한 캐릭터다. 〈퍼스트 어벤져〉를 통해 묘사되는 캡틴 아메리카 스토리 월드의 시대적 배경은 1940년대로 2차 세계 대전이 벌어진 시기다. 캡틴 아메리카의 세계관은 과거사와 연관되어 있고, 이는 이후 마블 시네마틱 유니버스 속 사건들이 발생하게 된 원초적 원인으로 작용한다. 캡틴 아메리카의 스토리 월드가 〈어벤져스〉의 스토리 월드로 수렴하면서 과거와 현재의 시간적 배경을 잇는 것은 물론, 이후 마블 시네마틱 유니버스의 시간적 배경을 확장할 수 있는 기반을 마련한다. 이로써 마블 시네마틱 유니버스는 더 많은 이야기를 담을 수 있게 된다.

단일 슈퍼히어로 캐릭터 영화에서 서브 캐릭터로 등장했던 닉 퓨리Nick Fury, 블랙 위도우Black Widow, 호크아이Hawkeye, 필립 콜슨Phillip Coulson 등의 캐릭터도 〈어벤져스〉에 등장한다. 이들 역시 독자적인 세계관과 스토리를 갖고 합류한다. 이들

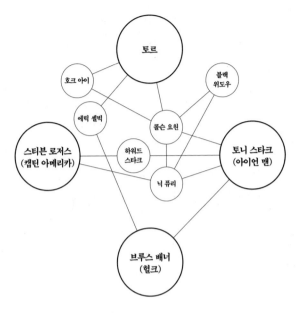

서브 캐릭터와 페이즈 1의 캐릭터 관계도

의 주된 역할은 여러 슈퍼히어로 캐릭터의 스토리 월드가 〈어 벤져스〉로 집결하면서 생기는 이질감을 최소화하는 것이다.

　　서브 캐릭터는 마블 시네마틱 유니버스의 첫 영화인 〈아이언 맨〉부터 등장한다. 영화 중간에 필립 콜슨 요원, 쿠키 영상에 닉 퓨리가 등장하는데, 스토리 자체와 관련해서는 비 중이 거의 없다. 하지만 이들은 속편 〈아이언 맨 2〉에 다시 등 장해 향후 스토리 전개에 큰 힌트를 주는 역할을 한다. 이후 콜슨 요원은 〈토르: 천둥의 신〉에, 닉 퓨리는 〈퍼스트 어벤져〉에 다시 출연한다. 〈토르: 천둥의 신〉에 등장하는 서브 캐릭터인 에릭 셀빅Erik Selvig은 〈인크레더블 헐크〉의 브루스 배너 박사와 친분이 있는 것으로 묘사되며 관계를 형성하고, 〈퍼스트 어벤져〉의 캡틴 아메리카는 토니 스타크의 아버지 하워드 스타크와 함께 임무를 수행한 과거를 통해 아이언 맨과 간접적인 관계를 맺는다.

이러한 과정을 거쳐 〈어벤져스〉 시리즈가 진행되기 위한 스토리 월드의 기틀이 마련되었다. 마블 시네마틱 유니버스라는 거대한 스토리 월드를 조형하기 위한 빌드 업build up 단계를 마쳤다고 볼 수 있다. 〈어벤져스〉는 페이즈 1에 속한 캐릭터의 세계관을 선별적으로 결합해 완성한 또 하나의 거대한 스토리 월드다. 각 캐릭터의 독립적인 세계관에서 필요한 요소를 추리고 모아 구현되었기 때문에, 기존의 개별 스토리 월드와는 다른 세계다. 마블은 트랜스미디어 스토리텔링 전략을 적절히 활용한 빌드 업 과정을 통해 마블 시네마틱 유니버스의 발판이 되는 텍스트 〈어벤져스〉를 탄생시켰다. 〈어벤져스〉의 틀은 〈어벤져스: 에이지 오브 울트론〉을 거쳐 거대한 서사로 확장된다.

히어로와 빌런이 탄생하는 곳

마블 시네마틱 유니버스는 페이즈 2에 들어서면서 〈어벤져스〉 시리즈에 새로운 역할을 부여했다. 〈어벤져스: 에이지 오브 울트론〉은 페이즈 1의 〈어벤져스〉처럼 단일 히어로 콘텐츠가 이합집산하면서 스토리 월드를 만들어 내는 동시에, 새로운 캐릭터를 등장시키는 기지 역할을 한다.

〈어벤져스〉의 스토리 월드 구축 과정과 마찬가지로 페이즈 2의 단일 슈퍼히어로 캐릭터 영화는 〈어벤져스: 에이지 오브 울트론〉 스토리 월드의 기틀을 마련한다. 여기에 페이즈 1의 〈어벤져스〉 스토리도 적층된다. 〈어벤져스: 에이지 오브 울트론〉 스토리 월드 조형 과정이 〈어벤져스〉와 다른 점이다.

〈아이언 맨 3〉의 경우 〈어벤져스〉를 거치면서 캘리포니아의 말리부였던 시리즈의 공간적 배경이 뉴욕으로 바뀌었다. 시간적으로도 〈어벤져스〉 이후 이야기를 다룬다. 스토리 전개의 기저가 되는 토니 스타크의 트라우마는 〈어벤져스〉에서 겪었던 치타우리와의 대전쟁과 그로 인한 위협에서 발생하는 것으로 묘사된다.

캡틴 아메리카의 경우 〈어벤져스〉가 끝난 뒤 블랙 위도우, 닉 퓨리와 함께 쉴드의 일원으로서 활약하는 모습이 페이즈 2의 〈캡틴 아메리카: 윈터 솔져〉에서 묘사된다. 〈토르: 다크 월드〉는 〈어벤져스〉의 전쟁을 유발한 로키를 아스가르드

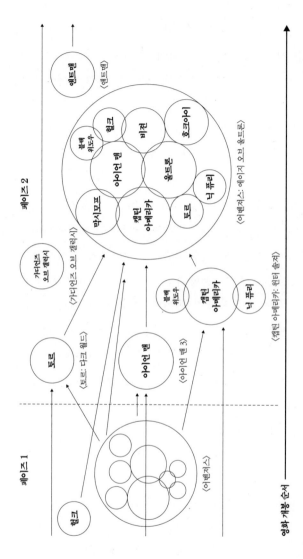

페이즈 1

페이즈 2

영화 개봉 순서

헐크

토르
〈토르: 다크 월드〉

아이언 맨
〈아이언 맨 3〉

〈어벤져스〉

블랙 위도우
캡틴 아메리카
닉 퓨리
〈캡틴 아메리카: 윈터 솔져〉

가디언즈 오브 갤럭시
〈가디언즈 오브 갤럭시〉

헐크
블랙 위도우

마시모프

캡틴 아메리카

비전
아이언 맨
호크아이
울트론
토르
닉 퓨리
〈어벤져스: 에이지 오브 울트론〉

엔트 맨
〈엔트 맨〉

〈어벤져스: 에이지 오브 울트론〉 스토리 월드 조형도

126

로 데려와 감옥에 가두는 것에서 스토리가 시작된다.

이전의 스토리와 연결시키는 전개 방식은 페이즈 2에서도 나타난다. 〈캡틴 아메리카: 윈터 솔져〉의 빌런인 하이드라Hydra 일당이 치타우리 셉터라는 무기를 통해 어벤져스 세력을 공격하려는 모습이 〈캡틴 아메리카: 윈터 솔져〉의 쿠키 영상에서 묘사되는데, 이는 〈어벤져스: 에이지 오브 울트론〉의 인트로 장면으로 이어진다.

기존 스토리 월드의 결말 부분이 새로운 스토리의 발단이 되는 서사 전개 방식은 완결성 있는 개별 텍스트를 거대한 전체 서사의 한 부분으로 기능하게 한다. 서로 다른 텍스트들에서 스토리의 연결성을 만드는 모듈화 방식이다. 이와 같은 서사 구조는 설명이 필요한 발단 부분을 최소화해 두 시간 남짓으로 제한된 영화의 시간을 더 효율적으로 사용할 수 있게 한다.

적층된 스토리를 토대로 각각의 슈퍼히어로와 그 세계관이 결합해 만들어진 〈어벤져스〉 시리즈는 친숙함이라는 장점이 있는 반면, 그동안 등장했던 캐릭터가 반복해서 등장하기 때문에 신선함이 덜하다는 단점이 발생한다. 이러한 단점을 극복하기 위해 〈어벤져스: 에이지 오브 울트론〉은 새로운 캐릭터를 생산한다.

〈어벤져스〉에 등장하는 모든 슈퍼히어로와 서브 캐릭

페이즈 1

페이즈 2

〈토르: 천둥의 신〉

〈토르: 다크 월드〉

토르

토르

블랙
위도우

아이언 맨

니 퓨리

〈아이언 맨〉

아이언 맨

니 퓨리

〈아이언 맨 2〉

블랙
위도우

아이언 맨

니 퓨리

〈아이언 맨 3〉

블랙
위도우

블랙
위도우

헐크

비전

아이언 맨

울트론

호크아이

막시모프

캡틴
아메리카

울트론

니 퓨리

캡틴
아메리카

토르

캡틴
아메리카

니 퓨리

〈어벤져스〉

〈어벤져스: 에이지 오브 울트론〉

캡틴
아메리카

니 퓨리

〈캡틴 아메리카: 윈터 솔저〉

〈퍼스트 어벤져〉

영화 개봉 순서

스토리의 적층 과정

터들은 이전의 개별 슈퍼히어로 텍스트에 한 번 이상 등장했던 캐릭터로 구성되어 있었다. 이들과 대립하고 갈등하며 서사를 이끄는 빌런인 로키 역시 〈토르: 천둥의 신〉에 등장했던 캐릭터다. 반면 〈어벤져스: 에이지 오브 울트론〉에서는 서사가 전개됨에 따라 막시모프 남매, 비전, 울트론이라는 새로운 캐릭터가 등장한다. 이와 함께 각 캐릭터의 스토리 월드도 새롭게 등장하고, 기존 스토리 월드와 결합하면서 마블 시네마틱 유니버스가 확장된다.

새로운 캐릭터들에는 기존 캐릭터의 스토리 월드와 관련된 배경이 있다. 새로운 캐릭터가 기존 스토리와 유기적으로 연결될 수 있는 이유다. 막시모프 남매는 캡틴 아메리카와 세계관을 공유한다. 공통분모는 빌런으로 등장하는 하이드라[69] 집단이다. 하이드라는 캡틴 아메리카의 난적으로 캡틴 아메리카 단일 캐릭터 시리즈인 〈퍼스트 어벤져〉와 〈캡틴 아메리카: 윈터 솔져〉에 등장한다. 〈캡틴 아메리카: 윈터 솔져〉에서 캡틴 아메리카, 블랙 위도우, 닉 퓨리는 힘을 합쳐 슈퍼히어로와 요원들이 소속되어 있던 집단인 쉴드[70] 내부에서 오랜 시간 기생하며 크기를 키운 하이드라를 타락한 쉴드와 함께 몰락시킨다. 그러나 하이드라는 활동을 멈추지 않고 스톤의 힘을 사용한 인체 실험을 바탕으로 막시모프 남매를 탄생시킨다. 하이드라를 통해 막시모프 남매가 탄생하는 장면은 〈캡틴 아메리카: 윈터 솔저〉의 쿠키 영상과 〈어벤져스: 에이지 오브 울트론〉의 인트로에 동시에 등장한다. 이는 두 텍스트의 연결 고리가 될 뿐 아니라, 캡틴 아메리카와 막시모프 남매의 스토리 월드 사이에도 연결성을 제공한다.

새로운 캐릭터 중 비전과 울트론은 아이언 맨과 관련이 있다. 〈어벤져스: 에이지 오브 울트론〉에서 아이언 맨은 인피니티 스톤Infinity Stone[71]에 대한 욕망을 드러내며[72] 자신의 인공지능 자비스J.A.R.V.I.S.에게 스톤 분석을 맡긴다. 그러나 자비스는 인피니티 스톤의 힘을 이겨 내지 못하고 잠식당한다. 그리고 아이언 맨의 인공지능 로봇 아이언 리전Iron Legion을 탈취하여 육체를 형성한 후 인류와 어벤져스를 멸망시키려 하는 빌런인 울트론이 된다. 울트론을 만들어 낸 아이언 맨은 자신의 실수를 만회하고자 다시 한번 자비스와 인피니티 스톤의 결합을 시도하고, 그 결과 비전이 탄생한다. 울트론과 비전 모두 아이언 맨의 스톤에 대한 욕망으로 창조되었고, 이전 시리즈에도 등장한 토니 스타크의 인공지능 시스템이 바탕이 되었다.

〈어벤져스: 에이지 오브 울트론〉에서 만들어진 캐릭터는 기존의 스토리 월드와 연관성을 지닌 채 마블 시네마틱 유니버스와 자연스럽게 결합한다. 이는 마블 시네마틱 유니버스를 확장할 뿐 아니라, 이후 전개될 서사의 이야깃거리를 풍부하게 한다. 〈어벤져스〉 시리즈는 이제 결합의 장 역할을 넘어 새로운 스토리 월드를 창조하고 확장하는 생산 기지가 되었다.

모듈이 만든 거대한 이야기

페이즈 3은 가장 많은 작품을 포함하고 있다. 총 10편의 영화가 연결되어 있고, 〈어벤져스〉 시리즈만 2편이 있다. 6편의 단일 슈퍼히어로 캐릭터 영화로 구성된 〈어벤져스: 인피니티 워〉는 기존의 〈어벤져스〉 시리즈들과 유사한 과정을 거쳐 스토리 월드를 구축한다. 페이즈 1과 2를 거치며 적층된 스토리 월드를 바탕으로 페이즈 3에서 전개된 단일 슈퍼히어로 영화들의 스토리가 〈어벤져스: 인피니티 워〉의 세계로 수렴한다.

〈어벤져스: 인피니티 워〉의 스토리 월드는 이전부터 축적된 지식들의 총집합이기 때문에 가장 거대한 세계다. 이전의 〈어벤져스〉 시리즈와는 다른 몇 가지 특징이 존재하고, 이를 통해 다른 〈어벤져스〉 시리즈와 구별되는 독립적 정체성을 지닌 스토리 월드를 구축한다.

〈어벤져스: 인피니티 워〉의 스토리 월드에는 독립적인 시리즈였던 〈가디언즈 오브 갤럭시〉 시리즈와 〈닥터 스트레인지〉가 합류한다. 이는 〈어벤져스: 인피니티 워〉 스토리 월드의 공간적 배경을 폭발적으로 팽창시켜 멀티버스를 구현하

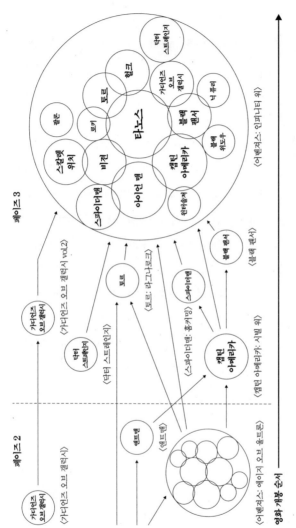

페이즈 2

가디언즈
오브 갤럭시
〈가디언즈 오브 갤럭시〉

닥터
스트레인지
〈닥터 스트레인지〉

앤트맨
〈앤트맨〉

페이즈 3

가디언즈
오브 갤럭시
〈가디언즈 오브 갤럭시 vol.2〉

토르
〈토르: 라그나로크〉

스파이더맨
〈스파이더맨: 홈커밍〉

캡틴
아메리카
〈캡틴 아메리카: 시빌 워〉

블랙 팬서
〈블랙 팬서〉

〈어벤져스: 에이지 오브 울트론〉

타노스

판듄

스칼렛
위치

비전

로키

토르

헐크

워 머신

스파이더맨

아이언 맨

캡틴
아메리카

윈터솔저

닥터
스트레인지

가디언즈
오브 갤럭시

블랙
팬서

블랙
위도우

낙 뮤리

〈어벤져스: 인피니티 워〉

〈어벤져스: 인피니티 워〉의 스토리 월드 조행도

영화 개봉 순서

는 통로가 된다. 〈가디언즈 오브 갤럭시〉가 활동하는 무대는 지구 밖의 다른 우주이며, 캐릭터들은 다양한 우주를 넘나든다. 〈닥터 스트레인지〉의 경우, 멀티버스 개념을 실제 대사에서 언급하기도 한다. 닥터 스트레인지는 지구에서도 여러 공간을 넘나들고, 영화 말미에는 다른 우주로 향하는 모습이 묘사되기까지 한다. 〈닥터 스트레인지〉의 합류 역시 공간적 배경을 확장하고 멀티버스 개념을 확립하는 역할을 한다.

멀티버스 개념은 〈어벤져스〉에서도 어느 정도 드러난다. 〈어벤져스〉에는 로키가 지구 밖 세계에서 살아가는 치타우리를 지구로 소환하는 대목이 나온다. 그러나 개념이 제시되는 수준일 뿐, 스토리가 전개되는 무대는 여전히 지구다. 반면 〈어벤져스: 인피니티 워〉에서는 타노스가 인피니티 스톤을 손에 넣기 위해 9개의 우주를 뛰어넘으며 여러 행성과 다양한 종족을 만난다. 멀티버스를 본격적으로 실현하는 것이라고 할 수 있다. 이 서사가 개연성 없는 유치한 전개로 느껴지지 않는 이유는 〈어벤져스〉를 통해 구축한 기반 위에 〈가디언즈 오브 갤럭시〉와 〈닥터 스트레인지〉가 합류했기 때문이다.

약 30명에 달하는 캐릭터가 모인 〈어벤져스: 인피니티 워〉에서는 캐릭터 사이에 거미줄처럼 복잡한 관계망이 형성되어 있다. 이전의 〈어벤져스〉 시리즈들은 관계의 중심을 아이언 맨과 캡틴 아메리카로 설정했고, 두 히어로가 서사를 이끌었다. 그러나 〈어벤져스: 인피니티 워〉에서는 빌런 캐릭터인 타노스가 스토리 월드의 중심이다. 타노스의 관점에서 인피니티 스톤을 빼앗으러 다니면서 발생하는 사건과 전투를 관객에게 전달하며 스토리를 진행한다. 이렇게 서사를 진행함으로써 다양하고 복잡한 관계로 얽힌 슈퍼히어로들은 흐름에 따라 자연스럽게 등장하고, 스토리는 조화롭게 이어진다. 9개의 우주를 넘나드는 타노스를 통해 관객은 멀티버스 개념을 구체적으로 체험한다.

타노스의 욕망의 대상이 되는 인피니티 스톤 역시 이전까지 전개되어 온 개별 슈퍼히어로 영화들이 〈어벤져스: 인피니티 워〉의 스토리 월드 속으로 자연스럽게 수렴하는 열쇠다. 〈아이언 맨 2〉에서 처음 등장했던 인피니티 스톤은 마블 시네마틱 유니버스 전체 서사가 진행됨에 따라 존재감이 부각되어 왔고, 〈어벤져스: 인피니티 워〉에서는 본격적으로 서사 전개의 중심이 되었다. '인피니티 스톤을 손에 넣는다'라는 명목 아래에 온 우주를 돌아다니며 슈퍼히어로와 전투를 벌이는 타노스를 기점으로 슈퍼히어로들이 직·간접적으로 연관성을 가지게 되고, 마지막 전장인 지구에 모든 슈퍼히어로가 모여 타노스에 대적한다. 마블 시네마틱 유니버스 속에 개별적으로 존재하던 각각의 스토리 월드가 비로소 하나의 거대 서사로 집결하게 되는 것이다.

마블 스튜디오의 이러한 전략에 따라 관객은 지금껏 진행되어 온 마블 시네마틱 유니버스의 개별 텍스트들은 독립적인 존재이자 전체를 구성하기 위한 모듈이라는 것을 확인한다. 각각의 시리즈를 따라 서로 다른 방향으로 파생되어 가던 스토리 월드가 〈어벤져스: 인피니티 워〉라는 하나의 스토리 월드로 수렴함으로써 전체 시리즈의 완결성을 느낄 수 있다.

소비자를 참여시켜라

마블 스튜디오는 각각의 페이즈를 완결시키면서 마블 시네마틱 유니버스를 구성해 왔다. '후속작은 원작을 뛰어넘지 못한다'는 편견과 달리 〈어벤져스〉 시리즈 모두 큰 성공을 거두었다. 특히, 가장 마지막에 개봉한 〈어벤져스: 엔드게임〉은 역대 박스 오피스 1위에 오르면서 이전 시리즈들의 성과를 뛰어넘었다. 시리즈를 계속 제작하면서도 성공할 수 있었던 이유는 트랜스미디어 콘텐츠 전략에 있다. 개별 콘텐츠를 내놓을 때마다 더 많은 관객이 마블의 세계에 참여했고, 이 세계를 즐기는 과정은 더 즐거워졌다. 소비자의 향유 만족도가 높아진 것이다. 이를 위해 마블 스튜디오가 사용한 몇 가지 전략이 있다.

① 순차적인 라인업 공개

마블 스튜디오는 2008년 〈인크레더블 헐크〉가 개봉한 후, 〈어벤져스〉 제작 계획과 함께 추후 마블의 슈퍼히어로 영화 라인업을 공표한다. 가까운 미래에 개봉을 앞둔 페이즈 1의 영화에 대해서는 개봉 시기와 제목 및 부제, 캐릭터를 연기할 배우, 함께 등장할 서브 캐릭터와 그 배우, 영화의 모티브가 된 마블 코믹스의 볼륨 등 구체적인 정보를 제공했다. 이보다 먼 미래에 개봉이 예정된 페이즈 2에 대해서는 이를 구성하는 슈퍼히어로 캐릭터 영화와 제목, 간략한 스토리 정도를 제공했고, 페이즈 3에 대해서는 부분적인 정보만을 공개했다.

마블 스튜디오의 전략적인 라인업 공개는 기존 마블 코믹스의 팬과 영화를 통해 새로 유입되는 팬 모두를 자극하는 요소가 된다. 마블 시네마틱 유니버스를 구성하는 약 20편의 영화 목록을 사전에 공개하는 것은 기대감과 궁금증을 유발한다. 콘텐츠 소비자들은 개별 히어로의 서사와 전체 서사가 어떻게 전개될지, 기존 텍스트와 새로운 텍스트는 어떤 관계를 맺을지, 추가되는 캐릭터와 어벤져스는 어떻게 연결되며 원작의 어떤 부분이 유지되고 변형될지 예상하고 토론한다. 라인업 공개 전략이 마블 시네마틱 유니버스로의 유입과 참여를 유도하는 것이다.

〈어벤져스〉 시리즈는 마블이라는 브랜드를 선호하는

팬에게는 여러 슈퍼히어로를 하나의 텍스트 속에서 만날 수 있다는 기대감을 주고, 특정 슈퍼히어로에 대한 팬심을 가진 소비자에게는 선호하는 슈퍼히어로 캐릭터가 어떠한 모습으로 등장할지 호기심을 갖게 한다. 그리고 새로운 캐릭터를 만들어 소개함으로써 팬들이 마블의 스토리 월드를 끊임없이 즐길 수 있도록 한다.

페이즈 1의 라인업을 알게 된 관객들은 영화 〈어벤져스〉와 마블 코믹스의 어벤져스를 비교하며 새로운 재미를 발견하고, 영화 개봉 전과 후에 지속적으로 콘텐츠를 즐길 수 있다. 영화 〈어벤져스〉에서는 이전의 단일 텍스트 속 슈퍼히어로인 아이언 맨, 캡틴 아메리카, 토르, 헐크와 서브 캐릭터인 블랙 위도우, 호크아이 등이 모여 만들어진 하나의 팀이 로키와 치타우리 무리를 상대하는 스토리가 전개된다. 반면 원작인 마블 코믹스에서 어벤져스는 행크 핌Hank Pym, 와스프Wasp, 헐크, 아이언 맨, 토르에 의해 창설된다. 빌런으로 등장하는 캐릭터는 로키로 동일하지만, 스토리[73]는 전혀 다르다. 즉, 영화 〈어벤져스〉와 그래픽 노블《어벤져스》는 타이틀만 같을 뿐 전혀 다른 스토리 월드를 갖고 있다.

기존의 그래픽 노블 팬들은 완전히 다른 새로운 콘텐츠를 즐길 수 있다. 차이를 발견하는 것이 하나의 놀이가 되기도 한다. 이런 소비 방식은 〈어벤져스〉를 통해 새로 유입된 팬들에게도 전해지며, 그중 일부는 그래픽 노블을 구입하기도 한다. 소비자 입장에서는 마블이라는 세계 속에서 끊임없이 새로운 즐길 거리를 제공받는 셈이다. 참여와 유입이 계속해서 발생하는 이유다.

마블 스튜디오는 페이즈 1 이후 공개되는 영화에 부제를 붙인다.[74] 페이즈 2부터 제작되는 대부분의 영화에는 제목과 함께 부제가 명시되어 있다. 라인업과 함께 공개되는 부제는 관객에게 그래픽 노블과 영화를 직접적으로 연결하는 징검다리 역할을 한다. 그래픽 노블에도 부제가 존재하는데, 영화의 부제를 통해 전개되는 서사를 더욱 확실하게 예측할 수 있고 이를 바탕으로 비슷한 스토리나 관련 캐릭터가 등장하는 그래픽 노블을 찾아 즐길 수 있기 때문이다.

마블 스튜디오는 페이즈 1 이후의 라인업을 공개할 때 영화의 제목만 먼저 공개하고 이후 부제를 공개하는 전략을 펼치기도 했다. 2012년 〈어벤져스〉 개봉 직후 페이즈 2 라인업을 공개했는데, 이때 〈어벤져스〉의 후속작에 대해서는 부제 없이 〈어벤져스 2〉라는 타이틀만 공개하고 '에이지 오브 울트론'이라는 부제는 2013년[75]에 발표했다. 호기심과 기대감을 지속적으로 생성해 소비자를 마블의 거대한 세계 속으로 끌어들이는 전략 중 하나다. 〈어벤져스 2〉라는 메인 타이틀이 페이즈 2에서도 다수의 슈퍼히어로가 뭉쳐 빌런을 상대할 것이라는 기대감을 주는 동시에 어떤 캐릭터가 여기에 합류하고 이들이 어떤 빌런과 싸울지, 어떤 스토리가 전개될지는 공개하지 않아 궁금증을 유발하는 것이다. 이 호기심과 기대가 시들해질 즈음 마블 스튜디오는 부제인 '에이지 오브 울트론'과 함께 티저 예고편을 공개한다. 전개될 스토리, 합류하는 멤버, 빌런에 대한 정보는 다시 팬들의 즐길 거리가 된다. 소비자들이 마블이 구축한 세계에 머무르게 하고, 이들과 상호 작용하면서 스토리 월드를 팽창시키는 전략이다.

② 이스터 에그

마블 스튜디오는 소비자에게 지속적으로 새로운 경험과 신선한 재미를 제공하기 위해 각각의 〈어벤져스〉 시리즈 텍스트마다 독립적인 정체성을 가진 스토리 월드를 구축한다. 이처럼 독립적인 스토리텔링 전략을 펼침에도 불구하고 소비자들이 시리즈 전체를 하나의 완결된 서사로 느낄 수 있는 것은 영화 곳곳에 숨어 전체 서사의 연결 고리 역할을 하는 이스터 에그Easter egg[76]가 존재하기 때문이다.

　　욕망의 대상으로 묘사되는 인피니티 스톤은 〈어벤져스〉 시리즈뿐 아니라 단일 슈퍼히어로 캐릭터 영화까지 전체를 아우르는 서사의 연결 고리다. 인피니티 스톤은 초월적인 힘과 권능이 응축된 존재다. 리얼리티 스톤Reality Stone, 소울 스톤Soul Stone, 마인드 스톤Mind Stone, 타임 스톤Time Stone, 스페이스 스톤Space Stone, 파워 스톤Power Stone 총 6개로 구성되며 〈아이언 맨 2〉에서 처음으로 등장한다. 토니 스타크가 닉 퓨리로부터 건네받은 아버지 하워드 스타크의 유품 속 메모장에 스톤의 존재를 암시하는 메모가 담겨 있었다. 비록 〈아이언 맨 2〉에서는 인피니티 스톤의 존재감이 두드러지지 않고 욕망의 대상으로 묘사되지 않지만, 마블 시네마틱 유니버스의 전체 서사가 전개됨에 따라 스톤의 존재감은 점점 커진다. 페이즈 1의 〈토르: 천둥의 신〉에는 인피니티 스톤이 욕망의 대상임을 암시하는 장면이 나온다. 쿠키 영상에서 닉 퓨리가 에릭 셀빅에게 상자를 건네주는데, 이때 로키가 함께 등장해 스페이스 스톤(테서랙트)을 갈구하는 모습을 보인다. 〈퍼스트 어벤져〉에서는 스페이스 스톤이 지구에 존재하게 된 경위를 보여 주며 스토리를 전개해 개연성과 인과성을 부여한다. 스페이스 스톤은 〈어벤져스〉에서 본격적인 욕망의 대상으로 서사의 중심에 자리잡기 시작한다. 빌런 캐릭터로 등장하는 로키는 스페이스 스톤을 욕망하고 지구 정복을 꿈꾸며 닉 퓨리로부터 이를 갈취한다. 이러한 로키의 욕망은 〈토르: 천둥의 신〉 쿠키 영상에서부터 이어지기 때문에, 〈어벤져스〉와 단일 히어로로 영화의 서사를 연결하는 역할을 한다.

페이즈 1에서 하나의 스톤을 보여 주며 인피니티 스톤

의 존재를 알렸다면 페이즈 2에서는 다양한 종류의 인피니티 스톤을 등장시켜 욕망의 대상이 되는 존재를 구체화시킨다. 새로운 인피니티 스톤은 〈토르: 다크 월드〉에서 처음 등장한다. 검붉은 액체의 형태로 등장하는 리얼리티 스톤(에테르)은 다크 엘프의 우두머리인 말레키스[77]가 우주를 정복하기 위해 욕망하는 대상이고, 이를 중심으로 서사가 전개된다. 〈가디언즈 오브 갤럭시〉에는 파워 스톤(오브)과 이를 탈취하기 위한 전투 장면이 등장한다. 특히 파워 스톤을 탈취하려는 과정에 타노스가 등장해 그 역시 인피니티 스톤을 욕망의 대상으로 삼고 있다는 것을 유추할 수 있으며, 이러한 암시는 페이즈 3에서 〈어벤져스: 인피니티 워〉의 타노스가 모든 종류의 인피니티 스톤을 갈구하는 모습으로 이어짐으로써 마블 시네마틱 유니버스 전체 서사에 개연성을 더한다. 〈어벤져스: 에이지 오브 울트론〉에는 마인드 스톤이 등장하고, 이전 서사에서와 다르게 사용된다. 인피니티 스톤을 욕망의 대상으로 삼는 존재가 이전까지는 빌런 캐릭터였다면, 이 영화에서는 슈퍼히어로 캐릭터인 아이언 맨이다. 그뿐 아니라 인피니티 스톤이 빌런 울트론과 슈퍼히어로 비전을 생성하는 용도로도 묘사된다.

페이즈 3에서는 〈닥터 스트레인지〉에 타임 스톤이 등장한다. 시간 역행, 미래 예지, 루프 등 시간 조작 계열의 능력이 포함되어 있는 타임 스톤은 '아가모토의 눈'이라는 명칭으로 불리며, 닥터 스트레인지가 빌런 캐릭터인 케실리우스 세력과 도르마무와 전투를 하는 데에 사용된다. 타임 스톤은 마블 시네마틱 유니버스에서 슈퍼히어로 캐릭터에 의해 유일하게 올바른 용도로 사용되는 인피니티 스톤이지만 결국 〈어벤져스: 인피니티 워〉에서 타노스에게 뺏기고 만다. 〈어벤져스: 인피니티 워〉에서는 이전 영화들에서 독립적으로 나타났던 모든 인피니티 스톤이 한자리에 모인다. 이를 통해 마블 시네마틱 유니버스 속 모든 캐릭터가 자연스럽게 하나의 스토리 월드에 속하게 된다. 〈가디언즈 오브 갤럭시〉와 〈닥터 스트레인지〉가 〈어벤져스〉 세계에 합류하는 것이다.

인피니티 스톤은 각기 다른 텍스트가 이어질 것이라는 소비자의 기대와 예측을 형성하는 핵심 소재다. 〈어벤져스: 인피니티 워〉에서 모든 인피니티 스톤이 집결하면서 모든 영화 속 캐릭터와 스토리 월드가 결합하는 것은 이전 영화들을 통해 관객이 가졌던 기대감을 충족시키는 것이기도 하다. 관객은 이를 통해 개별 콘텐츠들이 독립적이면서도 연결된 모듈임을 이해하게 되고, 이는 콘텐츠 소비자들이 전체에서 부분으로, 부분에서 전체로 콘텐츠 소비를 이어 나가는 동력이 된다.

③ 빈틈을 채우는 콘텐츠

젠킨스는 트랜스미디어 스토리텔링 전략에 있어 미디어의 다양성을 강조했다. 트랜스미디어 스토리 월드는 매우 방대하기 때문에 단일 미디어에 의존하기보다 복수의 미디어를 통해 수용자에게 제공될 필요가 있다는 것이다. 또한 다수의 미디어를 통해 콘텐츠가 제공되면 그 다양한 미디어들을 통해 수용자가 스토리 월드로 진입할 수 있다고 본다.[78] 마블 시네마틱 유니버스는 그의 주장처럼 다양한 미디어를 통해 수용자에게 스토리를 제공한다.

〈어벤져스〉 시리즈는 영화 특성상 두 시간 남짓의 제한된 시간 안에 서사를 전개해야 한다. 그러나 캐릭터를 중심으로 스토리를 진행하는 두 시간의 영상 속에서는 사건의 인과관계, 개연성 등을 충분히 전달하기 어려울 수밖에 없다. 마블 스튜디오는 이러한 한계를 TV 드라마와 단편 영화를 통해 극복한다.

2012년 개봉한 〈어벤져스〉에는 다양한 캐릭터와 함께 여러 단체들이 등장한다. 이 중 쉴드는 개별 슈퍼히어로가 어벤져스라는 그룹이 될 수 있도록 공간적 배경을 제공해 주는 단체다. 닉 퓨리를 수장으로 다수의 에이전트가 속해 있다. 이 조직은 〈아이언 맨〉에 처음 등장한 후 〈아이언 맨 2〉, 〈토르: 천둥의 신〉, 〈퍼스트 어벤져〉 등에서 비중을 높여 가고, 〈어벤져스)에서는 서사 진행의 주요 요소가 되기까지 한다. 그러나 국가의 기밀 기관이자 안보를 담당한다는 이 단체에 대한 설명은 그 어디에서도 구체적으로 등장하지 않는다. 이러한 전개는 영화를 즐기는 향유자의 몰입을 방해할 뿐 아니라, 이야기의 개연성과 인과성 부족으로 마블의 세계관 구축에도 결점이 될 위험이 있다. 하지만 마블 스튜디오는 이 결점을 텔레비전 드라마인 〈에이전트 오브 쉴드Agent of S.H.I.E.L.D.〉를 통해 보완한다.

〈에이전트 오브 쉴드〉는 〈어벤져스〉가 개봉한 다음 해인 2013년 가을에 방영되기 시작해 총 5개 시즌이 제작되었다. 드라마는 쉴드의 창설부터 악의 세력과 맞서 싸우는 이야기를 다룬다. 영화에서는 서브 캐릭터로 등장했던 요원들을 중심으로 서사를 전개한다. 영화에서 부족했던 설명과 개연성, 인과성을 충족시키는 역할을 한다. 그뿐 아니라 서사의 빈틈을 채워 소비자가 더 풍부한 스토리를 즐길 수 있게 하고, 마블의 세계로 향하는 새로운 진입로가 되기도 한다.

마블 스튜디오는 드라마 외에도 단편 영화인 '마블 원샷'[79]을 제작했다. 약 3분에서 15분 정도의 짧은 길이로 제작된 콘텐츠인 마블 원샷은 〈어벤져스〉와 같은 굵직한 텍스트를 보완하기보다 개별 슈퍼히어로 텍스트의 빈틈을 보충하는 역할을 한다. 마블 원샷의 영상에는 규칙이 있다. 단일 슈퍼히어로 영화의 블루레이 DVD에 수록된다는 점과 해당 영화의 직전에 개봉한 영화와 관련된 에피소드를 다룬다는 점이다. 이를 바탕으로 영화 속에서 상대적으로 비중이 작았던 캐릭터나 충분한 설명이 이루어지지 않았던 사건의 스토리를 소개한다. 마블 스튜디오는 이처럼 작은 캐릭터나 사건까지 소비자가 즐길 수 있는 요소로 만들고 있다.

아직 완결되지 않은 세계

2008년 개봉한 영화 〈아이언 맨〉을 시작으로 약 10년 동안 마블 스튜디오가 투자한 결과는 마블 시네마틱 유니버스라는 거대한 세계다. 개별 캐릭터의 세계관이 생성되고, 새로운 캐릭터가 등장하며, 기존에 언급되지 않았던 과거 사건이 전개되면서 마블 시네마틱 유니버스는 지속적으로 확장되고 있다. 〈어벤져스: 인피니티 워〉 이후 〈앤트맨과 와스프〉(2018), 〈캡틴 마블〉(2019)이 개봉하면서 마블 시네마틱 유니버스는 또 다시 팽창했다. 〈앤트맨과 와스프〉는 〈앤트맨〉 시리즈의 과거사를 다루고 있고, 〈캡틴 마블〉은 완전히 새로운 캐릭터인 캡틴 마블을 창조하면서 마블 시네마틱 유니버스의 과거를 보여 주고 있다. 마블은 이번에도 서브 캐릭터, 이스터 에그 등을 활용해 새로운 두 영화를 어벤져스의 세계관에 자연스럽게 녹여 냈다. 〈앤트맨과 와스프〉는 쿠키 영상에 타노스의 손가락 튕김으로 캐릭터가 소멸되는 〈어벤져스: 인피니티

위〉의 장면을 담아 마블 전체의 스토리 월드를 확장했다. 〈캡틴 마블〉은 기존 영화에 지속적으로 등장했던 캐릭터 닉 퓨리의 과거와 연결된다. 현재 시점의 닉 퓨리가 캡틴 마블에게 도움을 요청하는 〈어벤져스: 인피니티 워〉의 마지막 장면이 있었기 때문에 캡틴 마블의 등장은 어색하지 않다.

중요한 것은 마블의 스토리 월드는 아직 끝나지 않았다는 사실이다. 새롭게 시작되고 있는 스파이더맨의 이야기, 아직 풀리지 않은 개별 캐릭터들의 스토리 월드, 지속적인 TV 드라마 시리즈의 제작, 마블 스튜디오가 보유한 다양한 코믹스 등은 마블의 트랜스미디어 스토리 월드가 앞으로 더 커질 것이라는 기대를 품게 한다. 게다가 마블 스튜디오의 모회사 디즈니Disney가 20세기 폭스20th Century Fox를 인수하면서 다른 세계관으로 분류되었던 〈엑스맨X-Men〉 시리즈와 〈판타스틱 4Fantastic 4〉 시리즈가 마블 시네마틱 유니버스로 합류할 수 있는 가능성이 열렸다.

〈어벤져스: 엔드게임〉을 끝으로 그동안 마블 시네마틱 유니버스의 중심축을 담당했던 '어벤져스 세대'의 슈퍼히어로들은 물러날 수 있다. 그러나 마블 시네마틱 유니버스에서는 새로운 세대의 마음을 사로잡을 또 다른 캐릭터와 스토리가 등장할 것이다. 어벤져스는 막을 내렸지만, 마블의 세계는 다시 시작되고 있다.

주

1 _ 김은영, 〈올해 최고 패션 브랜드는 '구찌'… 전통 버리자 밀레니얼 열광〉, 《조선비즈》, 2018. 12. 8.

2 _ 박래양, 〈2018 '구찌(Gucci)' 매출 '10조 원', 36.9퍼센트 대폭 성장〉, 《티알앤디에프뉴스》, 2019. 3. 13.

3 _ 유현진, 〈고상함의 충격 빈티지와 만나다… 세계가 열광하는 브랜드 구찌〉, 《문화일보》, 2017. 5. 17.

4 _ 전창록, 〈구찌 부활 이끈 '디지털 트랜스포메이션'〉, 《한국경제》

5 _ 김효원, 〈글로벌 명품 '구찌' 빠른 성장 언제까지 지속되나〉, 《티알앤디에프뉴스》, 2019. 8. 6.

6 _ 김영아, 〈급진적 세대교체〉, 《싱글즈》, 2019. 2. 9.

7 _ 허유선·전재훈, 〈크리에이티브 디렉터가 교체된 패션 브랜드의 잡지 광고 분석 – 생로랑, 루이 비통, 구찌를 중심으로〉, 《한국의류산업학회지》 19(5), 2017, 549쪽.

8 _ 곽도영·김현수, 〈"나, 명품이야!" 한껏 드러낸 로고, 거리를 점령하다〉, 《동아닷컴》, 2019. 1. 6.

9 _ 구찌, 〈진정한 아름다움〉, 《구찌 스토리》, 2019.

10 _ 양지윤, 〈패션계 지각 변동 일으킨 '나비 효과' 구찌의 알레산드로 미켈레〉, 《스포츠조선》, 2017. 5. 8.

11 _ 김병우, 〈미국의 Z세대, 그들은 과연 누구인가〉, 《KOTRA 해외시장뉴스》, 2014. 1. 3.

12 _ 이도은, 〈패션 공식이 무너졌다〉, 《중앙일보》, 2018. 1. 21.

13 _ 한국마케팅연구원 편집부, 〈인플루언서 마케팅〉, 《마케팅》 50(1), 2016, 56쪽.

14 _ 박소정, 〈인스타그램 맞춤 캠페인·브랜딩… 구찌·버버리 'Z세대' 겨냥 SNS 마케팅 활발〉,《뉴데일리》, 2018. 9. 28.

15 _ Liam O'Connell, 〈Revenue of the Kering Group worldwide from 2012 to 2019, by brand〉,《Statista》, 2020. 2. 14.

16 _ 《2 COOL 4 SKOOL》,《O!RUL8,2?》,《SKOOL LUV AFFAIR》세 앨범을 일컫는 말로, 학창시절을 보내고 있는 10대들의 이야기를 중심으로 3장의 앨범을 연속으로 냈기 때문에 '학교 3부작'이라고 불린다.

17 _ 가온차트,《2014년 앨범 차트》, 2014.

18 _ 김주옥, 〈미국에서의 BTS 수용〉,《지식협동조합 좋은나라 제32회 월례정책포럼》, 정동 프란치스코 교육회관, 2018. 7.

19 _ 2014년 조사 결과에 따르면 BTS를 언급한 빈도수는 199회로, 2위인 EXO의 119회와 비교하여 80회 차이가 났다. 그런데 2016년 결과에는 BTS 언급 빈도수가 784회, 2위 EXO 언급 빈도수가 235회로 약 3.3배의 차이를 보였다.

20 _ 미국 4대 음악 시상식은 그래미 뮤직 어워드(Grammy Music Awards), 아메리칸 뮤직 어워드, 엠티비 뮤직 어워드(MTV Music Awards), 빌보드 뮤직 어워드를 일컫는다.

21 _ 기존에 발매된 앨범에 신곡 혹은 리믹스 곡 등을 추가한 후 새로운 포장과 디자인을 덧입혀 다시 내놓는 앨범을 말한다. 2000년대 초반부터 영미권 음악 시장에서 상용화되기 시작했고, 싱글 및 미니 앨범(EP) 발매가 많은 케이팝 산업에서는 2010년 이후 보편적인 양식으로 자리 잡았다.

22 _ 《타임》은 크게 북미판과 세 개의 인터내셔널판(유럽, 아시아, 남태평양) 등 4개의 판본으로 발매되며 내용과 표지는 발매 판본별로 조금씩 달라지기도 하고 일부는 겹치기도 한다. 2018년 10월 BTS가 커버로 등장한 《타임》 판본은 아시아와 남태평양 판이다.

23 _ ⟨The 25 Most Influential People on the Internet⟩, 《TIME》, 2018. 6. 18.

24 _ 이와부치 고이치(히라타 유키에 전오경 譯), 《아시아를 잇는 대중문화》, 또 하나의 문화, 2004.

25 _ 이혜인, ⟨방시혁이 말하는 '방탄소년단' 성공 요인?⟩, 《경향신문》, 2017. 12. 10.

26 _ '일반적인 영국 팝 음악에 질린 이들이여, 케이팝을 들어 보라'고 권유하는 영국의 유력 일간지 《가디언(The Guardian)》 기사 참조.
Edwina Mukasa, ⟨Bored by Cowell pop? Try K-pop⟩, 《The Guardian》, 2011. 12. 15.

27 _ 김수아, ⟨아이돌 육성 프로그램, 아이돌 그룹의 '공정한' 선발을 위한 모험⟩, 《문화과학》 92, 2017.

28 _ 데뷔하기 전부터 국내외 케이팝 팬들로부터 엄청난 기대를 받은 후 첫 싱글 ⟨달라 달라(Dalla Dalla)⟩를 공개하자마자 일주일도 안 돼서 유튜브 뮤직비디오 조회 수 5000만 회를 기록하며 선풍적인 인기를 얻은 JYP의 걸 그룹 잇지(ITZY)를 예로 들 수 있다.

29 _ 조인우, ⟨방탄소년단, '여성 혐오' 논란 입 열다…"사회의 조언 귀 기울이겠다"⟩, 《뉴시스》, 2016. 7. 6.

30 _ 김은지, ⟨"아미 초강수 뒀다"…작곡가 우익 논란에 '불매 운동' 불사하는 방탄 팬들⟩, 《인사이트》, 2018. 9. 14.

31 _ 김하진, ⟨방탄소년단 측 "日 아키모토 야스시와 협업 취소"⟩, 《텐아시아》, 2018. 9. 16.

32 _ 김정원, ⟨BTS 트라이앵글⟩, 《한국대중음악학회 제24회 정기학술대회》, CKL 기업지원센터, 2018.

33 _ 본 소챕터 및 다음 소챕터는 2018년《문화과학》93호에 실린 이규탁의 논문〈방탄 소년단: 새로운 세대의 새로운 소통 방식, 그리고 감정 노동〉중 일부를 발췌하여 재편 집한 것이다.

34 _ Catherine F. Radbill,《Introduction to the Music Industry: An Entrepreneurial Approach》, Routledge, 2012.

35 _ 강명석,〈방탄소년단이 '떡밥'들로 만든 세계〉,《IZE》, 2016.4.

36 _ 김수아,〈아이돌 육성 프로그램, 아이돌 그룹의 '공정한' 선발을 위한 모험〉,《문화 과학》92, 2017.

37 _ 김수아,〈아이돌 육성 프로그램, 아이돌 그룹의 '공정한' 선발을 위한 모험〉,《문화 과학》92, 2017.

38 _ Catherine F. Radbill,《Introduction to the Music Industry: An Entrepreneurial Approach》, Routledge, 2012.

39 _ 민경원,〈걸 그룹 블랙핑크 '거침없는 직진'…제2의 BTS 되나〉,《중앙일보》, 2019. 1. 18.

40 _ 서정민,〈BTS, 팬클럽 '아미'와 때론 돕고 때론 견제한다〉,《한겨레》, 2018. 12. 9.

41 _〈IDOL〉가사 중 일부 ('You can call me idol (idol) / 아님 어떤 다른 (다른) 뭐 라 해도 I don't care / I don't care / I'm proud of it (proud of it) / 난 자유롭네 (자 유롭네)')에서 인용.

42 _ David Pierce,〈The Only App You Need for Work-Life Productivity〉,《The Wall Street Journal》, 2018. 3. 21.

43 _ Erin Griffith,〈Notion, Maker of Collaboration Software, Raises $50 Million〉, 《The New York Times》, 2020. 4. 1.

44 _ Amir Efrati, 〈Collaboration App Notion Labs Hits $800 Million Valuation in New Funding〉,《The Information》, 2019. 7. 18.

45 _ Software as a Service의 약자로 서비스로서의 소프트웨어를 의미한다. 소프트웨어가 담긴 디스크나 CD를 구입하지 않고 클라우드를 통해 필요한 기능과 수량, 기간만큼 빌려 쓰는 방식이다. MS 오피스 패키지(과거의 소프트웨어 구매 방식)와 구글 문서(클라우드를 통해 이용하는 방식)를 비교하면 이해가 쉽다.

46 _ Erin Griffith, 〈Notion, Maker of Collaboration Software, Raises $50 Million〉, 《The New York Times》, 2020. 4. 1.

47 _ 인터뷰는 2019년 7월 진행됐다.

48 _ 제1원리 사고법(first principles thinking)은 일론 머스크의 사고법으로 널리 알려져 있다. 문제의 원인을 근본부터 들여다보는 사고방식이다. 많은 사람들이 로켓 개발은 너무 많은 돈이 들어서 민간 기업이 할 수 없다고 생각했다. 그러나 일론 머스크는 앞선 사례(기존 틀)에 갇히지 않고 문제의 근원부터 되짚는 방식으로 사고했다. 로켓이 비싼 이유를 분석한 뒤, 한 번 쓰고 버리는 로켓을 재활용해 원가를 줄이기로 한다.

49 _ 신선도 지수가 높을수록 작품성이 뛰어난 영화로 평가된다.

50 _ 본문의 박스오피스 총수익 및 순위는 영화 흥행 정보 사이트 〈박스 오피스 모조〉를 참조했다.

51 _ 실제 기록이 담긴 영상을 관객에게 보여 준다는 설정으로 페이크 다큐멘터리의 일종이다. 〈파운드 푸티지〉, 《네이버 시사상식사전》

52 _ 국내 홍보사가 작성한 제작 노트를 참고했다.

53 _ 대표작으로 〈섹스, 거짓말 그리고 비디오테이프(Sex, Lies and Videotape)〉 (1989), 〈펄프 픽션(Pulp Fiction)〉(1994), 〈스크림(Scream)〉 시리즈(1996~2011), 〈셰익스피어 인 러브(Shakespeare in Love)〉(1998) 등이 있다.

54 _ 마블 코믹스의 만화 작품에 기초해, 마블 스튜디오가 제작하는 슈퍼 히어로 영화를 중심으로 드라마, 만화, 기타 단편 작품을 공유하는 가상 세계관이자 미디어 프랜차이즈. 마블 유니버스와 마찬가지로 플롯, 설정, 캐스팅, 캐릭터를 공유하며, 각 작품마다 다음 작품에 대한 복선 또는 지난 작품과 연관성을 갖는다.

55 _ 할리우드는 스튜디오로 불리는 제작사의 입김이 세다. 영화 제작의 모든 분야를 세분화해 관리하는 스튜디오 시스템에서 감독 또한 고용인이다. 특히 컴퓨터 그래픽의 발달에 따라 제작비가 천문학적으로 늘고, 상당 부분이 스타의 출연료로 지급되는 상황에서 감독은 창의적인 아이디어로 개성을 발휘하기보다 대중에게 호응을 얻었던 상황이나 묘사를 답습하는 경우가 많아졌다. 투자사의 입지가 절대적으로 커지고 있는 한국의 영화 산업도 크게 다르지 않다. 영화가 시작되면 오프닝 크레디트에 영화를 만든 이들의 역할과 이름이 먼저 나오는 것이 관례지만, 한국 영화에는 투자사와 투자자의 이름이 맨 앞줄에 놓인다. 감독은 투자사와 제작사가 승인한 시나리오에 맞춰 영화를 만드는 기능인 정도로 취급되고, 창의적인 영화는 그에 비례해 급격히 사라지는 추세다.

56 _ 제이슨 블룸의 인터뷰는 연예 매체 《할리우드 리포터(Hollywood Reporter)》와 《버라이어티(Variety)》를 참조했다.

57 _ 제작비 1300만 달러가 투입된 〈더 퍼스트 퍼지〉는 개봉 첫 주에만 25만 달러의 수익을 내며 블룸하우스의 흥행작 목록에 이름을 올렸다.

58 _ 전작의 연속성을 거부하고 시리즈의 이야기를 처음부터 새롭게 만드는 것, 〈리부트〉, 《네이버 시사상식사전》

59 _ adaptation은 주로 '각색'이라는 용어로 사용되어 왔으나 이는 텍스트 중심적인 개념이다. 최근 원천 콘텐츠가 되는 콘텐츠의 종류(만화, 영화, 드라마, 소설, 게임 등)가 다양해짐에 따라 텍스트에 국한되지 않는 콘텐츠 변환이 일어나고 있으므로 이 글에서는 전환이라는 용어를 사용한다.

60 _ 〈어벤져스〉 시리즈란 〈어벤져스〉, 〈어벤져스: 에이지 오브 울트론〉, 〈어벤져스: 인피니티 워〉, 〈어벤져스: 엔드게임〉까지 총 4편의 영화를 말한다.

61 _ Box Office Mojo, 〈Avengers: Infinity War〉.

62 _ 리부트는 정체된 시리즈를 구제하는 방식이라고 할 수 있다. 팬층이 확립된 작품의 리부트는 상업적인 위험이 적고, 스튜디오 입장에서는 안전한 프로젝트이기도 하다.

63 _ 〈배트맨 대 슈퍼맨: 저스티스의 시작〉은 8억 달러(9620억 원)의 수익을, 〈저스티스 리그〉는 6억 달러(7220억 원)의 수익을 냈지만, 이는 10억 달러(1조 1970억 원) 이상의 성적을 거둔 DC 엔터테인먼트의 〈다크 나이트〉, 〈다크 나이트 라이즈〉, 〈아쿠아맨〉과 같은 단일 슈퍼히어로 캐릭터 영화에 미치지 못한다.

64 _ 헨리 젠킨스(김정희원 외 譯), 《컨버전스 컬처》, 비즈앤비즈, 2008, 149쪽.

65 _해리 포터 시리즈는 1997년에 출간된 《해리 포터와 마법사의 돌》을 시작으로 《해리 포터와 비밀의 방》, 《해리 포터와 아즈카반의 죄수》, 《해리 포터와 불의 잔》, 《해리 포터와 불사조 기사단》, 《해리 포터와 혼혈 왕자》, 《해리 포터와 죽음의 성물》까지 총 7권의 책을 말한다.

66 _ 빌런(villain)은 '악당'이라는 의미를 넘어 무언가에 집착하거나 이를 취하기 위해 특정 행동을 하는 이들을 가리킨다.

67 _ 마블 시네마틱 유니버스의 빌런 집단인 사이보그 전사 종족. 다른 빌런인 로키와 함께 어벤져스 결성의 계기가 된다.

68 _ 무한한 영웅들의 우주. 마블 코믹스에서는 각각의 우주를 '지구'라는 용어에 숫자를 붙이는 방식으로 구분한다. 하지만 마블 시네마틱 유니버스에서 멀티버스는 지구가 존재하는 우주 이외에도 다른 8개의 우주가 있다는 것으로 '토르' 세계관의 배경이 되는 위그드라실과 혼재되어 사용하는 개념이다.

69 _ 요한 슈미트가 히틀러로부터 지원받아 만든 심층 과학 부서. 〈퍼스트 어벤져〉, 〈캡틴 아메리카: 윈터 솔져〉의 주요 빌런 집단이다. 이들의 사상은 인간은 스스로를 통제할 수 없으니 자유를 빼앗고 지배해야 한다는 것이다. 〈퍼스트 어벤져〉에서만 해도 '나치의 하위 조직' 같은 느낌이었으나 〈캡틴 아메리카: 윈터 솔져〉에 와서는 나치를 능가하

는, 유럽을 넘어 전 세계를 위협하는 악의 조직으로 발전한다. 결론적으로 마블 시네마틱 유니버스 지구의 공공의 적이다.

70 _ 마블 세계관의 전략적 국토 개입 및 집행 병참국(S.H.I.E.L.D., Strategic Homeland Intervention, Enforcement and Logistics Division). 세계 안전 보장 이사회 산하의 국제 안보 기관으로, 2차 세계 대전 때 미군이 창설한 전략 과학부 SSR(Strategic Scientific Reserve)을 전신으로 창설되었다. 쉴드가 무너지기 전에는 닉 퓨리 국장 휘하에 쿨슨 요원, 캡틴 아메리카, 블랙 위도우, 호크아이를 포함한 슈퍼히어로와 일류 요원들이 소속되어 있었다.

71 _ 마블 코믹스 속 '인피니티 젬'의 마블 시네마틱 유니버스 버전. 우주의 창조신과 같은 존재의 권능이 응축된 우주적 아이템이다. 그 힘과 권능이 초월적이며, 모든 인피니티 스톤은 기본적으로 무한한 에너지를 뿜어낸다.

72 _ 아이언 맨이 인피니티 스톤에 욕망을 보이게 된 것은 〈어벤져스: 에이지 오브 울트론〉에서 스칼렛 위치의 공격을 받아 어벤져스 멤버들이 모두 죽는 환각을 보게 되었기 때문이다. 이 환각이 일깨운 토니 스타크의 트라우마는 페이즈 1의 〈어벤져스〉와 〈아이언 맨 3〉와도 이어진 요소다.

73 _ 아스가르드에 유폐돼 있던 로키는 토르를 트롤의 섬에 가두려는 계략을 꾸민다. 로키는 마침 도망 다니던 헐크를 보고는 헐크가 난동을 부리고 있다는 거짓 뉴스를 만들어 낸다. 이 소식을 들은 릭 존스가 라디오에 판타스틱 포에게 도움을 청하는 메시지를 보내는데, 정작 판타스틱 포는 갈 수 없는 상황이다. 그때 메시지를 듣고 토르를 비롯해 앤트맨과 와스프, 아이언 맨이 한자리에 모이게 된다. 이들은 헐크를 뒤쫓다가 이 모든 것이 로키가 꾸민 일이란 것을 깨닫고, 힘을 합쳐 로키를 쓰러뜨린다. 싸움이 끝난 후, 앤트맨의 제안으로 앞으로도 힘을 합쳐 싸워 보자며 비로소 '어벤져스'가 창설된다. 헐크도 이제 쫓겨 다니기는 싫다며 함께하기로 한다.

74 _ 페이즈 1에서는 〈토르: 천둥의 신〉에만 부제가 붙어 있으나, 페이즈 2와 3에서부터는 토르, 캡틴 아메리카, 어벤져스, 스파이더맨 등에 부제가 붙기 시작한다.

75 _ 2013년 7월 20일 토요일 미국 샌디에이고에서 열린 코믹콘에서 어벤져스 2의 부

제 '에이지 오브 울트론(Age of Ultron)'이 공식 발표되었다.

76 _ 영화, 책, CD, DVD, 소프트웨어, 비디오 게임 등에 숨겨진 메시지나 기능. 이스터 에그라는 이름은 서양권에서 부활절에 달걀을 미리 집안이나 정원에 숨겨 두고 아이들 에게 부활절 토끼가 숨겨 놓은 달걀을 찾도록 하는 풍습에서 유래했다.

77 _ 다크 엘프들의 수장. 먼 옛날 9개의 우주가 정렬했을 때 이 우주들을 어둠의 힘으 로 덮어 버리려 했다. 이를 저지하려 했던 오딘의 아버지인 보르 왕의 아스가르드 군대 와 싸워 패배하고 힘의 원천인 에테르마저 빼앗긴 채로 우주 어딘가에 숨어 버렸다. 이 후 에테르가 다시 등장하자 아스가르드를 다시 침범하고 에테르를 빼앗는다. 빼앗은 에 테르의 힘을 이용하여 9개의 우주를 정복하려 했지만 토르에 의해 패배하고 다른 우주 에서 죽음을 맞이한다.

78 _ 헨리 젠킨스(김정희원 외 譯), 《컨버전스 컬처》, 비즈앤비즈, 2008, 148쪽.

79 _ 마블 원샷은 현재까지 〈컨설턴트(The Consultant)〉, 〈토르의 망치를 찾으러 가는 길에 생긴 일(A Funny Thing Happened on the Way to Thor's Hammer)〉, 〈아이 템 47(Item 47)〉, 〈에이전트 카터(Agent Carter)〉, 〈올 헤일 더 킹(All Hail the King)〉 다섯 편이 발표되었다.

북저널리즘 인사이드 　　　　　　새로움은
　　　　　　　　　　　　모험에서 나온다

경쟁력 있는 브랜드를 만드는 방법에 대한 기업의 고민은 갈수록 깊어지고 있다. 어떤 이미지를 구축하느냐가 시장에서의 성패를 좌우한다는 이야기도 나온다. 구찌, BTS, 노션, 블룸하우스, 마블은 그러한 브랜딩 측면에서도 성공을 거둔 기업들이다. 제품에 열광하는 젊은 소비자들과 팬을 자처하는 적극적인 이용자를 기반으로 좋은 브랜드 이미지를 구축했다.

패션, 엔터테인먼트, 소프트웨어, 영화 업계는 모두 경쟁이 치열한 시장이지만, 이들은 각자의 시장에서 확실한 우위를 점하고 있다. 최고의 브랜딩은 좋은 제품을 만드는 것이다. IT 분야의 얼리어답터들이 열광하고, 이용자들이 자발적으로 커뮤니티를 만들어 사용법을 공유하는 '힙한' 브랜드 노션의 CEO는 마케팅이나 세일즈에 많은 투자를 하지 않았다고 말한다. 사람들이 사랑하고, 많은 사람들과 나누고 싶어 하는 제품을 만드는 일에 집중했다는 것이다.

다섯 브랜드의 결과물은 화려하지만, 그보다 중요한 것은 과정이다. 이들의 전략을 읽다 보면 타 기업과 다른 방식으로 상품을 만드는 것, 세상에 없던 브랜드를 만들어 내는 것은 위험한 시도를 하고, 지난한 시간을 견뎌 내는 일의 연속이라는 생각을 하게 된다. 패션 업계에서 리브랜딩의 중요한 참고 사례가 되고 있는 구찌가 한 시도는 위험한 선택이었다. 고가의 명품을 판매하는 브랜드가 상대적으로 소득이 적은 밀레니얼 세대를 타깃으로 삼은 데다, 스타 디자이너들이 이끄는 다른 브랜드와 경쟁해야 하는 상황에서 무명 디자이너를 크리에이티브 디렉터로 내세우기까지 한 것은 엄청난 모험이었을 것이다. 밀레니얼 세대가 소비의 주축이 된다는 이야기가 꾸준히 나오고 있었지만 다른 브랜드들은 그런 시도를 하지 못했던 이유기도 하다.

블룸하우스의 저예산 전략 역시 영화계의 검증된 제작 방식과 전혀 다른 선택이다. 많이 투자할수록 창의성을 제한 없이 발휘할 수 있고, 좋은 배우를 섭외해 영화를 성공시킬 수 있다는 일반적인 생각과 다른 기준을 만들고, 그 원칙을 실제로 지켜 냈다. 그 과정에는 대사 분량을 줄이는 등 디테일한 부분까지 조정하는 노력이 있었다.

화려한 성공을 거둔 글로벌 스타 BTS에게도 지난한 실행의 과정이 있었던 것은 마찬가지다. 저자가 지적하는 성공의 핵심은 '흙수저' 아이돌로서 열심히 노력해 성공했다는 진정성이다. 게다가 전 세계 팬들에게 이를 전달하기 위해서는 거의 24시간 노동 상태에 있을 수밖에 없다. 마블 엔터테인먼트가 〈어벤져스〉 시리즈를 통해 관객들을 방대한 스토리 월드로 끌어들일 수 있었던 것도 연결 요소들을 적재적소에 배치했기 때문이었다. 수년 뒤에 제작할 영화까지 염두에 두고 캐릭터를 등장시키고, 영화 제목을 공개하는 것에도 전략적으로 접근했다.

다섯 브랜드는 뛰어난 아이디어를 떠올렸기 때문이 아니라, 위험을 감수하고 시도했기 때문에 성장했다. 소비자가 원하는 새로움을 치열하게 찾아냈고, 이것이 브랜드 가치가 됐다. 브랜드를 만드는 일의 본질은 세상에 없던 가치를 제시하고, 이를 어떻게든 실현해 내는 것임을 규모도, 분야도, 전략도 다른 다섯 기업의 이야기가 보여 주고 있다.

소희준 에디터